Gustav Moritz Redslob

Thule

Die phönizischen Handelswege nach dem Norden insbesondere nach dem Bernsteinlande sowie die Reise des Pytheas von Massilien

Gustav Moritz Redslob

Thule

Die phönizischen Handelswege nach dem Norden insbesondere nach dem Bernsteinlande sowie die Reise des Pytheas von Massilien

ISBN/EAN: 9783955643164

Auflage: 1

Erscheinungsjahr: 2013

Erscheinungsort: Bremen, Deutschland

@ EHV-History in Access Verlag GmbH, Fahrenheitstr. 1, 28359 Bremen. Alle Rechte beim Verlag und bei den jeweiligen Lizenzgebern.

THULE.

DIE PHÖNICISCHEN HANDELSWEGE NACH DEM NORDEN

INSBESONDERE

NACH DEM BERNSTEINLANDE

SOWIE

DIE REISE DES PYTHEAS VON MASSILIEN.

NEU NACH DEN QUELLEN UNTERSUCHT

VON

D. GUSTAV MORITZ REDSLOB,

PROF. D. BIBL. PHILOLOGIE AM AKADEMISCHEN GYMNASIUM IN HAMBURG.

LEIPZIG, 1855.

J. C. HINRICHS'SCHE BUCHHANDLUNG.

Erstes Kapitel.

Der geographisch-historische Standpunkt.

In einer im Jahre 1849 herausgegebenen und, wie es scheint, hier und da nicht ohne allen Beifall aufgenommenen Schrift[1] habe ich darzuthun gesucht, dass das alte Tartessus, welches unsere Quellen in die Nähe und ausserhalb der Säulen des Herkules setzen, im Allgemeinen das heutige Tortosa an der Mündung des Ebro, die dortige berühmte Phöniciercolonie aber möglicher Weise nicht die heutige Stadt Tortosa selbst, sondern das etwas weiter stromaufwärts am rechten Ufer des Flusses gelegene und vielleicht mit dem Ibera des Livius identische Städtchen Xerta gewesen sei[2]. Von hier aus durch den Zusammenhang der Dinge beinahe wider Willen zur Geographie des alten Nordens, speciell des Zinn- und Bernsteinlandes, und auf diesem Wege endlich sogar bis zur Insel Thule geführt, wollte es mir scheinen, als ob der in der angeführten Schrift eingenommene Standpunkt auch einen günstigen Blick auf dieses dunkle Terrain verspreche, weshalb ich mir die Mühe nicht habe sparen wollen, auch diese misslichen Regionen zu durchwandern. Es erscheint zweckmässig, den in jener Schrift eingenommenen Standpunkt kurz zu bezeichnen, namentlich auch, um Einiges, was zur Vervollständigung dienen kann, nachzutragen.

Zwei schon im Alterthume eingeschlichene Missverständnisse scheinen es vorzugsweise zu sein, welche die alte Geographie des westlichen Europa und die Vorstellungen von dem Handel der Phönicier mit dem Westen und Norden dieses Erdtheiles verwirrt haben. Das erste ist veranlasst worden durch die relative Natur des Begriffes Westen, d. h. äusserster Westen, das andere durch den im Laufe der Zeit veränderten Gebrauch des Namens Phönicier.

Der (äusserste) Westen war natürlich zunächst allemal da, wo die Bekanntschaft mit der Erde, also die bekannte Erde, im Westen aufhörte. Da die Bekanntschaft mit dem Westen anfangs beschränkt war und erst im Laufe der Zeit sich erweiterte, so rückte der (äusserste) Westen der Alten im Laufe der Zeit natürlich immer weiter hinaus und verschiedene Zeitalter verstehen unter demselben Verschiedenes. Zwei Hauptschritte aber sind es, welche die Erdkunde im Westen gemacht hat. Eine gewisse längere Zeit blieb zuerst die Erdkunde der Griechen im Westen eingeschränkt auf die Küsten und Inseln der Osthälfte des mittelländischen Meeres, und als äusserster Westen galten folglich in dieser Zeit die Länder, welche dieses Meer im Westen begrenzen, das karthagische Gebiet, Sicilien mit den benachbarten Inseln und Italien. Erst einer zweiten Periode der Erdkunde gehört die Kenntniss an, dass der (äusserste) Westen weit über der bisher angenommenen Grenze bei dem heutigen Marokko und Spanien sei.

Der Name der Westländer war nun im Alterthume Hesperien. Zunächst ist es also dieser Name, welcher im Fortwandern begriffen ist und dem Gesagten zufolge zuerst eine Zeit lang an den Ländern um die sicilisch-karthagische Meerenge als der Westgrenze des mittelländischen Meeres haften bleibt, sodann aber auf die Länder um die spanisch-marokkanische Meerenge als die Westgrenze der Westhälfte des mittelländischen Meeres übergeht. Aber dieser Name zieht auch noch andere Namen nach sich, unter ihnen zwei vorzugsweise wichtige. So lange Sicilien und seine Nachbarländer der äusserste Westrand der Erde zu sein schienen, musste das diese Länder westlich bespülende Meer, also die Westhälfte des mittelländischen Meeres selbst, als der die Erdscheibe umgürtende Ocean[3] oder das Aussenmeer erscheinen, dagegen war das Meer oder Binnenmeer die Osthälfte des mittelländischen Meeres. Erst für eine zweite Periode der Erdkunde, in welcher auch diese westliche Meereshälfte als Meer oder Binnenmeer erkannt war, wurden diese beiden Namen auch auf sie ausgedehnt und unser heutiges atlantisches Meer wurde Ocean. Mit dieser offenbaren Berichtigung der geographischen Vorstellung Hand in Hand ging nun aber auch eine Verderbung derselben. Auf den Inseln, Klippen, Sandbänken und Küsten der sicilisch-karthagischen Meerenge, welche nach der ältern Erdansicht die einzige fahrbare Einströmung des Oceans in das Binnenmeer war, hatten die die Strasse beherrschenden karthagischen Phönicier Säulen errichtet, welche die Griechen, ohne recht zu wissen, was man sich darunter denken solle, Säulen des (phönicischen) Herkules zu nennen sich gewöhnten. Eben weil die eigentliche Bedeutung des Ausdrucks nie recht bekannt war, dachte man sich unter der Gegend der Herkulessäulen überhaupt nur noch die im äussersten Westen den Ocean mit dem Binnenmeere verbindende Meerenge zwischen Afrika und Europa, und als nun später der Westen bis über die Westhälfte des mittelländischen Meeres hinaus bekannt wurde, trug man den Namen Herkulessäulen irriger Weise von ihrem rechten Orte auf die Strasse von Gibraltar über, wo es niemals solche Säulen gegeben hatte, bloss darum, weil man jetzt diese Meerenge für die Oceaneinströmung erkannt hatte. Das Uebelste dabei war, dass man hierüber ganz vergass, dass das früher anders gewesen war, und von den auf der ältern Erdansicht fussenden ältern Angaben annahm, dass, wenn diese von Hesperien, vom Ocean und den Herkulessäulen sprachen und damit die Grenze zwischen den beiden Hälften des mittelländischen Meeres meinten, ebenfalls schon die Grenze zwischen dem mittelländischen und atlantischen Meere gemeint wäre, wie es später der Fall war. Hierdurch ist es gekommen, dass eine Anzahl geographischer Gegenstände und historischer Begebenheiten, von welchen die vorliegenden Schriftsteller des Alterthums nach frühern Quellen berichten, von ihnen in ein Verhältniss zur Strasse von Gibraltar gesetzt werden, in welchem sie nach dem Sinne der Letztern nur zu der sicilisch-karthagischen Meerenge gesetzt sein sollten [4].

Das andere Missverständniss ist hervorgebracht durch die im Laufe der Zeit veränderte Bedeutung des Namens Phönicier. Eigentlich hiess bei den Griechen Phönicier Alles, was aus Phönice stammte, und sie unterschieden in dem Worte die Bewohner des Mutterlandes von denen der Colonien eben so wenig, als in dem Worte Hellenen. Im Munde der Römer nahm der Name unwillkührlich die Form Pönicer oder Punier an, und dieser Ausdruck hatte eigentlich auch nur dieselbe allgemeine

Bedeutung Aber indem die Griechen wegen ihrer östlichen Lage bei ihrem Ausdrucke eben so unwillkührlich zunächst an die östlichen Phönicier und insbesondere an die des Mutterlandes dachten, wie die Römer wegen ihrer westlichen Lage bei ihrem Ausdrucke an die westlichen Colonialphönicier und insbesondere an die Karthager, auch die Karthager den Griechen und Römern Veranlassung gaben, sie speciell mit dem Namen Karthager von den übrigen Phöniciern zu unterscheiden, so kommt es mehr und mehr dahin, dass der Name Phönicier sich auf die Phönicier des Ostens und vorzugsweise auf die des Mutterlandes beschränkt und mindestens den Gedanken an die Punier oder Karthager ausschliesst. Auch in diesem Punkte nun haben die Schriftsteller der spätern Periode den Sprachgebrauch ihrer Zeit bei ihren griechischen Vorgängern vorausgesetzt und Dinge, welche diese von den Phöniciern in dem frühern allgemeinen Sinne des Wortes berichten, auf die Phönicier des Ostens und vorzugsweise des Mutterlandes bezogen, während das, was jene den Phöniciern im Allgemeinen beimessen, im Besondern gerade von den westlichen Colonialphöniciern oder später sogenannten Puniern gilt. Dadurch ist es gekommen, dass sich vor die Geschichte der Punier noch eine ältere Geschichte der Phönicier des Mutterlandes im Westen gelegt hat, für die es schon im Alterthume keinen einzigen historischen Beweis gab und die der Sache nach nur dasselbe mit dem Mythus des (phönicischen) Herkules ist. Der Process ist ganz einfach der: Nachdem diese Phöniciergeschichte einmal als etwas von der Puniergeschichte Verschiedenes erschienen war, konnte sie in der von der Puniergeschichte ausgefüllten Zeit nicht mehr untergebracht werden und wurde nun, statt sie aufzugeben, in eine entferntere leere Zeit hinausverlegt. Dieser Process ist aber ganz gleich dem ersten: Nachdem gewisse Gegenstände und Oertlichkeiten einmal als etwas von den Gegenständen und Oertlichkeiten des geographisch gesicherten Bereiches Verschiedenes erschienen waren, konnten sie in dem von diesen letztern ausgefüllten Raume nicht mehr untergebracht werden und wurden nun, statt sie aufzugeben, in einen entferntern leeren Raum hinausverlegt[5].

Dem Zusammengreifen beider Missverständnisse danken wir demnach eine vor der historischen Zeit liegende Geschichte sidonischer und tyrischer Seefahrt und Colonisation ausserhalb der

Meerenge von Gibraltar, die sich faktisch reducirt auf die seit Gründung der phönicischen Colonien an der sicilisch-libyschen Meerenge hauptsächlich von Karthago aus betriebene Seefahrt und Colonisation ausserhalb dieser letztern Meerenge. Beide Missverständnisse aber hängen auch innigst zusammen, denn die Handelsfahrten in den Westen bewirkten eben die Erdkunde des Westens. Der Periode des ausschliesslich unmittelbaren und direkten Handels der Phönicier des Mutterlandes bis an und wenig über die karthagisch-sicilische Meerenge hinaus entspricht die erste Periode der Erdkunde des Westens; der Periode, in welcher sich die karthagischen Phönicier ihr neues Vaterland zum Stützpunkte eines neuen Handels bis an und wenig über die Meerenge von Gibraltar hinaus machen, an dem dann die Phönicier des Mutterlandes mittelbar und indirekt Antheil nehmen, entspricht die zweite Periode der Erdkunde des Westens.

Anmerkungen.

1 **Tartessus.** Ein Beitrag zur Geschichte des phönicisch-spanischen Handels, sowie zur alten Geographie überhaupt (Programm des Hamburger akademischen Gymnasii). Leipzig, in Commission der Serig'schen Buchhdlg.

2 Dass Tartessus seinen Namen von Tartas, im Celtischen **Eiche**, erhalten habe, bestätigt sich dadurch, dass das Städtchen Tartas im französischen Departement *des Landes* ebenfalls in eichenreicher Umgebung liegt und Geschäftszweige hat, die nur da bestehen können, wo Reichthum an Eichen stattfindet, z. B. Gerbereien. Bullet in seinem celtischen Wörterbuche erklärt daher den Namen dieses Städtchens auch gar nicht anders. — Wenn die bekannten, von Varro erwähnten, unterirdischen Getreidespeicher (Silos) wirklich so sicher punischen Ursprungs sind, wie Movers (Phönicier II, 2, S. 647) annimmt (und selbst ihr noch heute gewöhnlicher Name Silo liesse sich sehr wohl als phönicisches Wort in der Bedeutung **unterirdische Grube** betrachten), so würden die erst im Anfange dieses Jahrhunderts verschütteten Gruben dieser Art auf dem Schlosshofe von Tortosa selbst beweisen, dass Punier sogar Herren dieses Platzes gewesen wären. — Eine Insel, die etwa 500 Klafter Länge haben mag und in spätern Zeiten einmal den Genuesen — einem auswärtigen Handelsvolke wie die Phönicier — für ihre Zwecke überlassen ist, befindet sich, wie ein mir einstweilen zugekommener Situationsplan der Festung Tortosa ausweist, allerdings noch jetzt unmittelbar vor Tortosa im Ebro. — Die Identität des biblischen Na-

mens **Tarsis** mit dem griechischen **Tartessus** bestreitet neuerdings A. Knobel, die Völkertafel der Genesis, Giessen 1850, S. 86 ff. Tharsis sind ihm die Tyrrhener, Tyrsener.

3 So zuerst und vor allen bei Homer, s. bes. Odyss. 12, 1. 2.

4 Sogar der Name **atlantisches Meer** möchte zuerst von der Westhälfte des mittelländischen Meeres gebraucht worden sein, und selbst eine von Strabo citirte ältere Angabe, nach welcher das atlantische Meer eigentlich ein Doppelmeer oder in zwei Theile getheiltes Meer sein soll, scheint diese Annahme zu fordern Denn der Atlas ist nach der ältern Erdansicht ein Berg Afrika's unweit des Ausganges der libysch-sicilischen Meerenge in den vermeintlichen Ocean, und gewiss ist die Ausdehnung dieses Namens auf das ganze Gebirge, das man in frühern Zeiten gar nicht kennen konnte, nur eine spätere Verallgemeinerung des Namens. Der Name **atlantisches Meer** konnte demnach auch nur von dem Meere gebraucht werden, welches sich, von diesem Berge beherrscht, zu dessen Füssen ausbreitet. — Ein recht deutliches Beispiel der Verlegung von Ortsnamen aus der Gegend der karthagisch-sicilischen Meerenge als den frühern Herkulessäulen an die Meerenge von Gibraltar als die spätern Herkulessäulen möchte auch *Taenia longa* sein. Der Name scheint ursprünglich einer der Namen der vom Vorgebirge Lilybäum quer durch die Meerenge nach Afrika sich hindurchschlingenden schmalen und mit einigen Klippen besetzten Sandbank zu sein, denn Strabo sagt, an der Grenze zwischen dem äussern und innern Meer solle eine solche Sandbank wie **eine langgedehnte Binde** von Europa bis nach Libyen hinüberreichen, als Zeugniss, dass früher das äussere mit dem innern Meere bei den Säulen nicht zusammengehangen, sondern, wie auch der Pontus, erst durch einen Einriss und Durchbruch vereinigt worden sei. Strabo seinerseits denkt bei diesem Durchbruche nun unbezweifelt an die Meerenge von Gibraltar, verlegt also auch diese bindenähnliche Sandbank (*Taenia longa*) dahin. Aber die Quelle, aus der er geschöpft hat, muss von der sicilisch-libyschen Meerenge gesprochen, diese also auch als die Verbindung zwischen Aussen- und Binnenmeer betrachtet haben, weil, wie die Seekarten unleugbar ausweisen, eine solche von Afrika nach Europa sich hinüberschlingende Sandbank eben nur durch diese Meerenge hindurchgeht, die Strasse von Gibraltar dagegen ununterbrochen sehr grosse Tiefe hat. Diese Bank scheint auch das Einzige zu sein, woran sich bei dem Namen *Karikon teichos* denken lässt. Denn die eine der ungefähr auf der Mitte der Meerenge aus dieser durch das Meer sich hindurchschlingenden Herkules-Maner (Teufelsmauer würde man im Harze sagen) sich erhebenden Klippen (*arae Neptuniae*) heisst noch heutzutage Skerki rock, was noch ganz der alte Name sein würde. Der Name ist aber wohl punisch und gleichbedeutend mit dem Namen der moabitischen Stadt Karak oder Kerak (auch Charak geschrieben), d. h. Mauer, also τεῖχος. Und vielleicht gar, dass er mit dem Namen von Eryx selbst identisch ist, wie schon O. Blau vorausgesetzt hat, dass Eryx im Punischen Charak geheissen haben möge, und wie es eine Stadt Charax in Cyrenaika gab.

Meine Vermuthung, dass die Herkulessäulen die von den Phöniciern (Puniern, denn noch später beschäftigten sich die Punier mit Errichtung von Leuchtthürmen an den von ihnen befahrenen Küsten, s. Plinius 2, 71, 73: *In Africa Hispaniaque turres Hannibalis, similesque speculae in Asia propter piraticos terrores, in quibus speculativi ignes sexta hora diei accensi*) im Namen des phönicischen Herkules, d. h. des phönicischen Sonnengottes Baal Hamman (Palämon? In einigen einschlagenden Namen nämlich scheinen die Griechen das punische b in p verwandelt zu haben, z. B. Pelorus st. Baal-or, Palinurus st. Baal-nur, beides Herr des Lichtes bedeutend) als Uferzeichen (Leuchtthürme, Baaken) für die Seefahrer errichteten säulenförmigen Steinmäler gewesen, von denen einige der unter den punischen Denkmälern vorhandenen Votivtafeln sogar geradezu als Ueberbleibsel angesehen werden könnten, — Uferzeichen, die nirgends häufiger und grossartiger vorkommen mochten, als in und an der den Schlüssel zum Westmeere abgebenden, an Untiefen, Klippen und Inseln reichen sicilisch-libyschen Meerenge, welche für die Karthager dieselbe Wichtigkeit haben musste, wie der französisch-englische Kanal für England — diese Vermuthung hat eine mir ganz zutreffend erscheinende Bestätigung an einem Orte gefunden, wo sie am wenigsten zu erwarten stand, nämlich bei dem arabischen Geographen Ibn-el-Wardi *(margarita mirabilium ed. Tornberg)*, der seine Angaben natürlich aus verloren gegangenen griechischen Quellen geschöpft haben muss.

Die Araber haben einen alten fabelhaften Helden, den sie Dhu-l-karnain, d. h. den Zweihörnigen, nennen, ohne eigentlich selbst recht zu wissen, wer er ist. Vorherrschend ist er für Alexander den Grossen gehalten worden, und da dem einmal so ist, so kann man wohl sagen, er sei ein mythischer Alexander, nämlich der Held der Alexandersage, obgleich zugestanden werden muss, dass die Sage ihren meisten Stoff von andern ähnlichen historischen oder mythischen Personen entlehnt und auf ihn zusammengehäuft habe und Alexander überhaupt nicht einmal das eigentliche Urbild derselben ist. Dieser Dhulkarnain hat nun bei Ibn el Wardi deutlich auch Stoff aus der Herkulessage an sich gerissen, was nur so erklärt werden kann, dass der Araber, indem er die griechischen Herkulesberichte las, diese den Dhulkarnain-Berichten so gleich fand, dass er ohne Weiteres beide Helden identificirte, und was er von jenem las, diesem beilegte.

Von diesem Dhulkarnain also berichtet Ibn el Wardi in der angegebenen Schrift:

1) S. 2: Im westlichen Ocean (d. i. für den Araber unser heutiges atlantisches Meer zunächst an der spanischen und marokkanischen Küste) gebe es auch drei (Bild-) Säulen von Abraha Dhulmenar, dem Himjariten, auf dem Wasserspiegel selbst errichtet. Die eine strecke die Hand aus, die Schiffer zur Umkehr aufzufordern, die andere zeige auf sich selbst, um die Schiffer aufzufordern, bei ihr stillzustehen und nicht weiterzufahren, die dritte endlich zeige auf's Meer, um zu bedeuten, dass, wer über diese Stelle hinausgehe, umkommen werde. Auf der Brust der letzten Säule befinde sich im (himjaritischen) Schriftcharakter Mosned die Inschrift:. Diese sind es, welche Abraha Dhulmenar, Tobba (d. i. Fürst) von Himjar, er-

richtet hat seinem Herrn, der Sonne, weihgeschenksweise (wegen der Lesart s. im Buche selbst S. 48 d. Uebersetzung, Not.).

2) S. 12. 13 auf die Einzelheiten des westlichen Oceans eingehend, sagt er, dass dort auch die zwei glückseligen Inseln und auf denselben zwei aus hartem Stein erbaute Säulen, jede von hundert Ellen Höhe, sich befänden. Auf jeder derselben stehe ein Bild, welches die Hand hinter sich ausstrecke, um auszudrücken: Kehre um, hinter mir findest du nichts weiter. Dhulmenar, der Himjarit, aus dem Geschlechte der Tobba, habe sie errichtet, und dieser sei der Dhulkarnain, aber ein anderer als der im Koran erwähnte. Unmittelbar von hier aus geht er noch

3) auf derselben S. 13 über auf die „bekannte" Insel La'ūs, die ebenfalls eine von Dhulkarnain errichtete, fest gegründete Säule (wegen des Textes s. im Buche selbst S. 56 der Uebersetzung) hat, die nicht bestiegen werden kann. Auf dieser Insel liegt Dhulkarnain in einem Tempel prächtig begraben.

4) S. 14. 15 kommt er auf die Insel El-Mustaschkin, welche gewöhnlich Dracheninsel genannt werde von einem Drachen, welcher ehedem dort gehaust habe und von Dhulkarnain getödtet worden sei.

5) endlich S. 123 spricht er noch von einem Sandflusse im äussersten Westlande, welcher, wie andere Flüsse Wasser, so Sand in seinem Bette führe. An diesem habe Dhulkarnain, nachdem einige seiner Begleiter in dem Flusse umgekommen, eine thurmähnliche Säule errichtet mit der Inschrift: Hinter dieser ist nichts mehr und Niemand gehe weiter.

Dass wir es hier mit den Herkulessäulen zu thun haben, kann Niemandem zweifelhaft sein. Der westliche Ocean, in dem die Säulen mitten aus dem Wasser ragen, die beiden glückseligen Inseln, die Insel Laūs (Lagūs), die, wenn sie eine bekannte Insel dieser Gegend sein soll, etwas Anderes als Lixus wohl nicht sein kann, die Dracheninsel (Ophiusa), das äusserste Westland, welches für den Araber vorzugsweise Marokko ist, das ist der alte Schauplatz der Herkulesthaten und Herkulessäulen. Nicht allein aber durch Errichtung dieser Säulen, sondern auch durch Tödung des Drachens giebt sich Dhulkarnain deutlich als der arabisirte Herkules der griechischen Sage kund. Auch das, dass sie an der äussersten Grenze der Schifffahrt, über welche hinaus kein Schiff, ohne verloren zu sein, sich wagen dürfe, stehen, bezeichnet sie sehr bestimmt als die altberühmten Herkulessäulen am Eingange in den wegen Seetang, Untiefen u. dergl. unbeschiffbaren Ocean.

Aber wie deutlich auch diese Säulen sich als die Herkulessäulen der griechischen Sage kund geben, so blickt durch den Bericht doch eben so deutlich das wahre Wesen dieser sogenannten Herkulessäulen hindurch, wie wir es in der angeführten Schrift vermuthungsweise bestimmt haben.

Diese Herkulessäulen sind erstens ihrem Zwecke nach deutlich als Schifffahrtszeichen bezeichnet. Sie stehen auf Inseln, ja sogar mitten auf dem Wasserspiegel, also auf blinden Klippen, und geben den Schiffern warnende Winke. Die zuletzt erwähnte scheint auf dem Lande zu stehen als Wegweiser der Carawanen durch die Sandwüste, wie es wohl von den palmyrenischen Hamman- oder Sonnensäulen gegolten hat, doch dürfte auf den Ausdruck nicht allzuviel zu geben sein. Noch mehr, die Säule am Sandflusse wird thurmähnlich oder eigentlich minaretähnlich, d. h. genau genommen leuchtthurmähnlich, genannt, indem der Grundtypus des Minarets die Leuchtthurmform ist, und der Name des Erbauers, also des vermeintlichen mit dem Dhulkarnain identificirten Herkules ist Dhulmenar, was nichts Anderes als eben wieder Thurmherr oder genau genommen Leuchtthurmherr heisst und, vergleichbar den Namen Palämon, Palinurus und Pelorus, entweder als Name eines durch einen solchen Thurm ausgezeichneten Ortes oder als Cognomen des Urhebers solcher Thürme angesehen sein will, wobei zugegeben werden kann, dass es einmal einen himjarit. Fürsten Abraha gegeben haben kann, der sich durch Anlegung von ähnlichen Schifffahrtsanstalten auf dem rothen Meere das Prädikat Dhulmenar ebenfalls erwarb und darum mit dem Erbauer der sogenannten Herkulessäulen am atlantischen Meere hier ebenfalls identificirt worden ist. Endlich kommen auch noch die Bildsäulen zur Sprache, welche nach Ibn el Wardi auf einigen dieser Säulen gestanden haben sollen. Ibn el Wardi sagt es ausdrücklich, dass sie auf die Säulen gestellt worden sind, um den Seefahrern die nöthigen Winke und Fingerzeige zur Vermeidung der Gefahr zu geben. Geschehen soll dies sein durch die bedeutungsvolle Weise, in welcher sie ihre Arme ausgestreckt gehalten haben. So spricht freilich nur Jemand, der sich solche Seewegweiser wie die Landwegweiser denkt. Aber wenn auch die Ausstreckung der Arme unpassend motivirt erscheint, die Thatsache, dass sie die Arme, nur um eines andern Zweckes willen, so oder anders ausgestreckt gehalten haben, bleibt darum doch stehen. Und hier liegt nichts näher, als dass sie, wie der rhodische Koloss, sie ausgestreckt haben, weil sie ehedem bei Nacht Seeleuchten in denselben trugen und insofern mit den ausgestreckten Armen den Schiffern die nöthigen Winke gaben. Zuletzt ist bemerkenswerth, dass, wie ausdrücklich gesagt wird, die Säule auf der Insel Laüs nicht bestiegen werden konnte. Dies deutet nämlich an, dass es zweierlei solcher Säulen gab, besteigbare und unbesteigbare, und weist abermals auf Seezeichen hin. Denn blosse Tageszeichen, wie unsere heutigen Baaken, brauchten allerdings nicht bestiegen zu werden, bei Leuchtthürmen dagegen ist begreiflicher Weise das Letztere unumgänglich nöthig.

Aber auch die Einerleiheit dieser Herkulessäulen mit den Steinmälern, von welchen eine Anzahl der noch vorhandenen punischen Votivtafeln stammen, ist ziemlich deutlich. Darüber, dass jene Herkulessäulen, der spätern Vorstellung vom äussersten Westen gemäss, in die Nähe von Marokko versetzt werden, während diese punischen Denkmäler aus der Gegend von Karthago stammen, braucht kein Wort verloren zu werden, und zwar um so weniger, als namentlich die erste der angeführten Nachrichten recht deutlich auf die im Alterthume *Arae Neptuniae (Herculeae?)* geheissenen Klippen hinweist, welche auf der vom Vorgebirge Lilybäum nach Hippo Zarytus hinüberlaufenden Bank liegen und sonst an einigermassen geeigneten Stellen nichts Aehnliches haben, auch eine besondere Veranlassung von gerade zwei, nach Plutarch durch einen schmalen Meeresarm getrennten, glückseligen (Makar-Melkar-) Inseln zu sprechen, von Malta an bis Iviza mehrmals, ausserhalb der Strasse von Gibraltar wohl eigentlich gar nicht gegeben ist. Ganz bezeichnend für die Einerleiheit der hier als Dhulkarnainssäulen auftretenden Herkulessäulen mit den in den Meerengen um Sicilien von den Puniern gegründeten Schifffahrtszeichen und vorzugsweise Leuchtthürmen, die nur missverständlich als von einander verschieden betrachtet worden sind, ist es, dass Ibn el Wardi selbst von Leuchtthürmen in diesen Meerengen weiss und sich über sie ganz so ausdrückt, wie an den angeführten Stellen über die Herkulessäulen. S. 84 spricht er von der Gegend des Zusammenflusses der beiden Meere, des römischen (d. i. griechischen, ionischen) und des westlichen, also von den Meerengen an beiden Seiten Siciliens, wo nach ihm das Wasser wechselsweise aus- und einströmt, wie es Mela 2, 7 vom *Fretum maris Siculi* berichtet. In dieser Gegend statuirt er S. 85 eine **grosse Insel**, die er die **Insel des Zusammenflusses der beiden Meere** nennt. Da sie gross sein soll, ist sie vielleicht Sicilien selbst, welches bei den Puniern diesen Namen führen konnte, obgleich er Sicilien selbst von ihr unterscheidet, vielleicht nur darum, weil etwas, was unter verschiedenen Namen auftrat, nach seiner Ueberzeugung auch der Sache nach verschieden sein musste. Auf dieser Insel steht nun ein Leuchtthurm (minaret), ganz so aus „hartem Stein gebaut", wie die Herkulessäulen auf den glückseligen Inseln, und „festgegründet", wie die auf der Insel Laus, und der auch kein Thor hat, wie auch die Säule von Laus nicht bestiegen werden kann. Er ist auch über „hundert Ellen" hoch, gleich den Säulen auf den glückseligen Inseln, und ihm ist auch, wie jenen, eine „Bildsäule" mit goldähnlichem Gewand aufgesetzt, welche ganz so wie jene Herkulessäulen „die rechte Hand gegen das Meer ausstreckt, als ob sie den Vorbeigehenden diese Stelle mit den Fingern zeige." Es gehört ordentlich Kunst dazu, so ganz eines und dasselbe in Quellen der einen Art von gewissen Leuchtthurmsherrn-Säulen im äussersten Westen, und in Quellen der andern Art von Leuchtthürmen in den sicilischen Meerengen berichtet zu lesen und es, wie Ibn el Wardi, getreulich weiter zu berichten und dabei doch nicht zu merken, dass man es mit einer und derselben Sache zu thun habe.

Ferner erscheint Herkules, mit welchem Dhulkarnain identificirt ist, hier allerdings ganz wie in der griechischen Sage als **Gründer** dieser Säulen, während die punischen Denkmäler den von den Griechen mit dem Herkules identificirten Baal-Hamman als diejenige Gottheit bezeichnen, in deren Namen diese Säulen von frommen Verehrern gestiftet und ihr zu Heiligthümern gewidmet worden sind. Dies ist aber eben die Folge der Identificirung einer phönicischen Naturgottheit mit dem Helden von Theben, der sich erst durch seine Thaten die Göttlichkeit verdient, und die höchstens in so weit einen angemessenen Sinn hat, als das, was von der phönicischen Nation im Allgemeinen geleistet worden ist, als das Werk ihres Nationalgottes bezeichnet werden kann. Im Uebrigen ist aber gerade darin die Nachricht unseres Schriftstellers wichtig, dass er trotz seiner Abhängigkeit von der griechischen Umbildung doch diese Herkulessäulen der Sonne gewidmet sein lässt. Die vergötterte Sonne ist nämlich eben der Baal Hamman oder sogenannte tyrische Herkules, mag man das Wort **Hamman** als Namen der Sonne selbst oder als Namen dieser Säulen als Sonnensymbole nehmen, und da die Säulen in ein Gebiet verlegt werden, in welchem sich im Alterthume das Phönicierthum namentlich zu der Zeit geltend gemacht hatte, in welcher diese Säulen noch wirklich bestanden haben, so kann kein Zweifel obwalten, dass der hier gemeinte Sonnengott wirklich der phönicische gewesen sei. Wir haben somit in diesen Herkulessäulen die passendsten Gegenstücke zu dem rhodischen Koloss.

Höchst überraschend aber ist die Einerleiheit der Inschriften jener Herkulessäulen und dieser punischen Sonnensäulen. Von einer dieser Inschriften heisst es ausdrücklich, sie sei im Schriftcharakter Mosned geschrieben, und es versteht sich wohl von selbst, dass die Inschriften aller dieser Säulen denselben Charakter gehabt haben, der hier Mosned genannt wird. Eben so versteht es sich von selbst, dass von himjaritischer Schrift, welche eigentlich den Namen Mosned führt, in dem hier zur Sprache kommenden Theile Afrika's nicht die Rede sein kann, also nur von einer Schriftgattung, die den Namen Mosned (d. h. gestützt) eben so wohl zu verdienen schien als die himjaritische, und an die himjaritische etwa erinnerte. Wer sähe aber nicht ein, dass dies von der punischen Schrift in ganz ausgezeichneter Weise gilt, nicht nur wegen des lapidaren Charakters, den sie mit der himjaritischen Schrift im Allgemeinen gemein hat, sondern weil einzelne Ausprägungen dieses nordafrikanischen Schrifttypus äusserlich betrachtet wirklich bestimmter an das Himjaritische erinnern, so dass der Ausdruck Mosned nicht besser gewählt werden könnte, um auf eine dem Araber verständliche Weise diese Schriftgattung zu charakterisiren. Aber auch der Inhalt der angeführten Inschrift erinnert so sehr an die punischen Votivtafeln, wie man es bei so wenig Worten nur erwarten kann; der Ausdruck „s'einem Herrn, der Sonne" für Baal-hamman oder baal Baal-hamman ist charakteristisch und selbst der Ausdruck qarraba für widmen stimmt überein Ja sogar das scheinbar Unerklärliche dieser Inschrift klärt sich aus den punischen Inschriften auf, nämlich woher die Worte „Dhulmenar, Tobba von Himjar" entstanden sind, denn dass ein himjaritischer Fürst jemals Gelegenheit und Aufforderung gehabt haben sollte, in diesem Theile Nordafrika's zu Gunsten der Seefahrt dem Sonnengotte Säulen zu widmen, daran ist doch nicht entfernt zu denken. Dhulmenar ist weiter nichts als die treue Uebersetzung des punischen Baalhamman, das Wort hamman von der Sonnensäule (dem Leuchtthurme) selbst verstanden, eine Auffassung, bei welcher Baal vom Gründer der Säule verstanden werden musste. Dass dieser Dhulmenar ein Himjarit gewesen sei, mochte schon aus dem Mosnedcharakter der Schrift zu folgen, und dass er ein Fürst gewesen sei, sich von selbst zu verstehen scheinen. Aber vermuthlich ist der Ausdruck Baal hamman auch hieran mit Schuld. Sehr leicht konnte nämlich für hamman (hmn) unter den obwaltenden Umständen gelesen werden Himjar (hmr oder hmjr), wo dann baal natürlich im Sinne von Landesherr genommen und sachgemäss durch Tobba übersetzt werden musste. — Zuletzt aber erinnern auch noch die Bildsäulen, welche auf einigen jener Herkulessäulen gestanden haben sollen, an Bilder, die sich auf den punischen Denkmälern befinden. Jene Bildsäulen sollen die Arme in verschiedenen Richtungen ausgestreckt haben, und insbesondere soll auch eine derselben **hinter sich** gezeigt haben. **Hinter sich** kann man nur zeigen, wenn man den Oberarm in im Allgemeinen horizontale Lage bringt und den Unterarm perpendikulär aufwärts richtet. Eine menschliche Figur, welche beide Arme in dieser Richtung hält (man würde die Stellung der Arme unter Anderm auch als geeignet betrachten können für einen Leuchtfeuer in den Händen tragenden Koloss), kommt aber auf den punischen Denkmälern wiederholt vor, und zwar ist es deutlich, dass dieselbe nichts Anderes als den Sonnengott Baal hamman vorstellt. Ausser dieser Menschenfigur aber kommt auf den punischen Denkmälern eine andere Figur häufig vor, ein Dreieck mit einer Rundung auf der Spitze, unter welcher ein horizontaler Balken nach beiden Seiten quer durchgeht, während seine Spitzen sich aufwärts kehren. Dieses Dreieck kommt einigemal so ausgeziert und dagegen jene Figur des Sonnengottes einigemal so roh gezeichnet vor, dass man gar nicht sagen kann, ob man es für jenes Dreieck oder diesen Sonnengott halten soll, und dass zwischen beiden ein Verhältniss angenommen werden muss, wie zwischen Hieroglyphe und Charakterzeichen, Chiffre, Buchstaben. Anderseits lässt sich dieses Dreieck wiederum betrachten als der Umriss einer ihre Strahlen auf die Erdfläche werfenden Sonne, wie sie auf ägyptischen Bildwerken vorkommt, und bei vergleichendem Hinblicke auf ägyptische Darstellungen würden die beiden Arme des Dreiecks sich vielleicht mit den Kuhhörnern zusammenstellen lassen, so dass dieses Dreieck von mehr als einer Seite her dazu auffordert, für ein Sonnensymbol gehalten zu werden. — Also liegen in den Angaben des Ibn el Wardi Momente genug, um in den Herkulessäulen der griechischen Sage die punischen Sonnensäulen anzuerkennen und ihnen den praktischen Zweck, als Schifffahrtszeichen zu dienen, beizumessen. Diese punischen Institute würden also den christlichen, einem Schutzheiligen gewidmeten, frommen Stiftungen, namentlich den Hospitien des Mittelalters, vergleichbar sein.

⁵ Auch der Name **Sidonier** oder **Tyrier**, den die Colonialphönicier häufig beibehielten, trug zu dem Missverständnisse bei. — Cicero sagt dagegen Rep. 2, 4: *E barbaris quidem ipsis nulli erant antea maritimi praeter Etruscos et Poenos.* Obgleich der Name Poenus eben so unschuldig ist, wie der Name Phoenix, so würden doch sicherlich die Fabeln von den alten Phöniciertahrten nicht entstanden sein, wenn alle Schriftsteller des Alterthums sich wie Cicero ausgedrückt hätten und hätten ausdrücken können. Schlüsslich werde noch bemerkt, dass selbst Strabo einmal (3, 170. 171) die Herkulessäulen mit den von den Rheginern diesseit und jenseit der Meerenge von Messina erbauten Thürmen und ähnlichen Bauten bei den Aris Philaenorum, zwischen den beiden Syrten und auf dem Isthmus von Korinth, unwillkührlich in Verbindung bringt.

Zweites Kapitel.

Die phönicischen Handelswege aus dem mittelländischen Meere nach dem europäischen Norden.

So weit als die wirkliche Geschichte zurückreicht, eben so weit steht nichts fester als das, dass der Handel zwischen den Küstenplätzen der Westhälfte des mittelländischen Meeres von Karthago an bis Gades einerseits und dem Norden, namentlich Britannien und dem Bernsteinlande (Strab. 4, 202 Cas.) andererseits lediglich über den Continent, und zwar auf den hier theils dem mittelländischen, theils dem nördlichen Meere zuströmenden grössern Flüssen, getrieben wurde[1]. Ueber die Umschiffung Spaniens für den Betrieb dieses Handels liegt kein einziges Zeugniss vor, und zwar nicht einmal von Seiten der Gaditaner,[2] geschweige von Seiten der Anwohner des mittelländischen Meeres; im Gegentheil weisen alle Zeugnisse darauf hin, dass nur die Anwohner des nördlichen Oceans selbst den Ocean zu beschiffen verstanden und den nordischen Handel durch Zuführung der nordischen Produkte nach dem Continent vermittelten, dass dagegen für die Anwohner des Binnenmeeres der Ocean für unbeschiffbar galt, wie er es auch in der That sein musste, weil die Bedingungen, unter welchen allein fremde Schiffer ihn hätten befahren können, im Alterthume nicht vorhanden waren. Aber ganz abgesehen von Zeugnissen, so beweist die einfache Thatsache des Vorhandenseins bedeutender Handelsplätze und Niederlassungen von Fremden an den Ausgangspunkten der durch diese Flüsse bezeichneten Strassen ganz allein schon diesen Handel nicht allein für diejenige Zeit, in welcher sie bestehen, sondern auch, da solche Handelsplätze nicht über Nacht aus der Erde wachsen, für die frühere Zeit, welche sie dazu gebrauchten, um sich zu dem, was sie später waren, erst überhaupt zu bilden.

Diese Thatsache nun, dass an den den Norden mit dem Süden verbindenden Flussstrassen sich diejenigen Handelsstädte gebildet hatten, welche bei'm Eintritt der historischen Zeit den nordischen Handel in Händen hatten, zusammengehalten mit der andern Thatsache, dass, während an der Südküste Europa's hinaus bis Gades eine ununterbrochene Kette griechischer und phönicischer Colonien reicht, zwischen Gades und denjenigen Punkten der Nordküsten, welche als die nördlichen Ausgangspunkte jener Flussstrassen anzusehen sind, auch nicht eine einzige punische oder griechische Colonie, wie sie doch unentbehrlich gewesen wären, sich nachweisen lässt, beweist nicht nur, dass dieser Ueberlandhandel so alt ist, als die merkantile Bedeutung dieser Plätze überhaupt, sondern auch, dass es neben diesem Verkehre und vor demselben keinen direkten Seeverkehr mit dem Norden gegeben hat. Wer im höchsten Alterthume Seehandel zwischen dem Mittelmeer und dem Norden annimmt, muss annehmen, dass dieser alte Seehandel nachmals von dem beschriebenen Landhandel verdrängt worden sei. Dies ist aber eine Annahme, gegen die sich die ganze Geschichte des Seehandels auflehnt. Niemals verdrängt der Landhandel den Seehandel, sondern stets umgekehrt dieser jenen. Seitdem man für den Seeverkehr zwischen Nordsee und Ostsee Jütland zu umschiffen angefangen hat, ist die in der ersten Hälfte des Mittelalters so frequente Handelsstrasse durch die Eider nach der Schlei,[3] seit der Umschiffung Afrika's die Landenge von Sues verödet, und weder Kanäle noch Eisenbahnen vermögen den Seeverkehr, wenn er einmal Eingang gefunden hat, wieder zu beseitigen. Da nun bei dem Verkehre zwischen dem mittelländischen Meere und der Nordsee das Verhältniss zwischen der Länge des Landwegs und der des Seewegs lange nicht einmal so günstig für den Landweg ist, als bei den genannten andern Strassen, so ist nicht entfernt daran zu denken, dass der Seehandel um Spanien herum so ganz spurlos zu Grunde gegangen und dem Landhandel gewichen wäre, wenn er früher wirklich bestanden hätte. Nur umgekehrt würde, wenn sich im Alterthume direkter Seehandel nach dem Norden vorfände, zu schliessen sein, dass er den Landhandel dahin zu seinem Vorgänger gehabt habe[4].

Man hat sich die Sache auch so gedacht, als ob der Seeweg nach Britannien und dem Norden überhaupt nur den Phöniciern bekannt gewesen und von ihnen geheim gehalten worden sei, dass sie wohl auch durch abschreckende Schilderungen von der Gefährlichkeit der Oceanfahrt den übrigen seefahrenden Na-

tionen die Lust benommen hätten, an diesen Fahrten sich zu
betheiligen. Hierauf muss man antworten, dass sich allerdings
wohl die Lage einer einzelnen Insel eine Zeit lang geheim halten lässt, aber nur nicht eine Küstenfahrt, am wenigsten dann,
wenn, wie hier, das aufzusuchende Ziel nur die entgegenge-
setzte und durch den Lauf von Flüssen angezeigte Küste eines
bereits besuchten Landes ist. Da übrigens sich in der historischen Zeit keine Spuren davon zeigen, dass die Karthager
nach Britannien gefahren wären, im Gegentheil diese immer
nur die mit dem Norden durch Flüsse in Verbindung stehende
Südküste Europa's im Auge haben, so müsste man gar annehmen, dass die alten Ostphönicier wohl ihren eigenen Stamm-
genossen in den westlichen Colonien den Seeweg in den Norden
verheimlicht hätten. Eben so verhält es sich mit den abschrecken-
den Mährchen. Denn welche Seefahrer liessen sich vor Fahrten
bange machen, von denen sie durch die Erfahrung belehrt werden, dass sie von Andern glücklich und mit grossem Vortheile
überstanden werden? Auch müssten diese Mährchen sehr lange,
und zwar auch auf die Karthager, nachgewirkt haben, weil man
in noch viel späterer Zeit nicht nach dem Norden durch den
Ocean fuhr. Wo Phönicier ein Meer beherrschten, so geschah
es sicher durch keine andern Mittel, als diejenigen, welche wir
von den karthagischen Phöniciern angewendet sehen und welche
noch heutzutage angewendet werden, nicht durch Verheimlichung
desselben vor Andern oder durch Schreckenshistörchen.

Aber — und davon soll eben hier gehandelt werden — die
Phönicier sind nicht am Ocean, sondern gerade an diesen Fluss-
wegen selbst nachweisbar, welche, so weit die Geschichte reicht,
die Verbindungsstrassen zwischen dem Süden und Norden ausgemacht haben. Der Uebergänge von Gallien nach Britannien
waren nach Strabo (4, 199 Cas.), welcher diese ganze Angelegenheit überhaupt sehr vollständig kennt[5], vier, nämlich von
den Mündungen des Rheins, der Seine, Loire und Garonne aus.
Diesen nördlichen Endpunkten entsprechen an der Südküste
Massilien, wo sich der Handel der drei ersten Flüsse zuspitzen
musste, und für den Garonneweg Narbo, und wir haben also
dieselben Strassen, welche durch Kanalisirung noch jetzt dem
Handel innerhalb der durch die Natur der jetzigen Verhältnisse be-
dingten Grenzen dienstbar erhalten worden sind. Jenseit der Pyre-

näen haben wir die Ebrostrasse mit Tartessus, welche vielleicht auch jetzt kanalisirt wäre, wenn sie diesseit der Pyrenäen läge. Beginnen wir mit der Ebrostrasse, so zeigt sie uns die Spuren der Phönicier durch das ganze Land hinauf bis an die Küste des nördlichen Meeres ziemlich deutlich. Die ganze balearische Inselgruppe, welche um die Ebromündung zerstreut ist, war von den Zeiten des phönicischen Herkules, d. h. von vorgeschichtlicher Zeit her, in phönicischen Händen. Von Tartessus an seiner Mündung ist hier nicht weiter zu reden. Wären meine Wünsche in Erfüllung gegangen, so würden mir jetzt vielleicht unmittelbare Zeugnisse phönicischen Alterthumes daselbst zu Gebote stehen. In Ermangelung derselben mag es genügen, dass die Küstenstädte zwischen den Pyrenäen und der Ebromündung, Barcellona und neuerlich auch Tarragona solche unmittelbare Denkmäler phönicischen Alterthumes aufgewiesen haben, und dass es sich unter so bewandten Umständen gar nicht denken lässt, dass nicht noch vielmehr die Ebromündung in phönicischen Händen gewesen wäre. Sind die unterirdischen Getreidespeicher entschieden phönicischen Ursprungs, so sind diese solche unmittelbare Zeugnisse. Den phönicischen Ursprung des stromaufwärts gelegenen und vermuthlich mit (Alt-) Karthago und Ibera identischen Städtchens Xerta verbürgt dessen offenbar phönicischer Name. Ueber die weitern Spuren phönicischen Alterthums in diesem Theile Spaniens überhaupt, auch nach dem Norden zu, auf Movers verweisend und uns lediglich auf die Ebrostrasse beschränkend, begegnen wir den Phöniciern an einem sehr wichtigen Punkte. Es liegt nämlich auf der flachen Hand, dass, wenn der Ebro überhaupt eine Handelsstrasse von Britannien nach dem mittelländischen Meere abgab, die nördlichen Landungsplätze Spaniens für dieselbe auf der Strecke von dem heutigen Santander und Bilbao bis zu den Pyrenäen liegen mussten. Denkt man sich diese Strecke als die Basis eines ungefähr gleichseitigen Dreiecks, so fällt die Spitze desselben, d. h. also derjenige Punkt am Ebro, von welchem aus theils nach der Gegend von Santander und Bilbao, theils nach den Pyrenäen (San Sebastian) etwa gleich weit ist, an die Grenze des heutigen Königreichs Navarra, wo ein Städtchen Viana liegt. Es wird wie eine feststehende Sache behandelt, dass der Name dieses Städtchens aus Diana entstanden ist, und dass im Alterthume hier ein Tempel der Diana gestanden habe. Wenn dieses der Fall ist, so ist es schwer, in diesem Dianium ein Heiligthum der römischen Diana zu erblicken. Denn erstens möchten römische Culte in diesen Winkel Spaniens überhaupt kaum eingedrungen sein, und zweitens was soll Diana gerade an einer solchen Stelle, nämlich an einem Flussufer und insbesondere an demjenigen Punkte, welcher als der natürliche Scheideweg der Strassen nach den beiden Punkten sich darstellt, welche die Natur zu Hafenplätzen für diese Gegenden bestimmt hat? Es kommt noch mehr dazu. Die Gegend des heutigen Viana ist ziemlich genau die des alten Varia, welches im Alterthume als derjenige Punkt bezeichnet wird, von welchem an der Ebro schiffbar sei (heutzutage wird Tudela als dieser Punkt angenommen, theils wohl, weil man jetzt dabei an etwas tiefer gehende Fahrzeuge denkt, theils wohl auch, weil der Ebro im Laufe von Jahrtausenden von oben herein wirklich mehr versandet sein möchte. Also würde Viana für denjenigen Punkt anzusehen sein, den die Natur der Dinge zum Stapel- und Umladeplatze für die aus dem nördlichen Meere, namentlich von der Pyrenäenseite her, nach dem Ebro und umgekehrt zu transportirenden Waaren bestimmt hätte. Und dieser Umstand lässt hier ein römisches Dianium noch weniger motivirt erscheinen, sondern fordert auf, bei dem Namen an dieselbe Diana zu denken, welche da, wo es phönicischen Handel gab, so häufig an ausgezeichneten Küstenpunkten ihre Heiligthümer hatte, nämlich, wenn man will, an die ephesinische oder überhaupt an die asiatische Diana oder, um den bestimmtesten Ausdruck zu wählen, an die phönicische Diana, d. h. die Astarte. Dies wird, wenn es noch einer Unterstützung bedürfte, dadurch unterstützt, dass nach Movers (Phönicier II, 2 S. 646) die Münzen von Calagurris (ebenfalls bei Varia und im Allgemeinen an dem Punkte, an dem der Ebro schiffbar zu werden anfängt) die Astarte in dem sidonisch-tyrischen Typus als Europa dargestellt enthalten. Verlassen wir nunmehr den nicht mehr schiffbaren Ebro und treten wir in den angedeuteten beiden Richtungen zur nördlichen Küste, so treffen wir in der Gegend des heutigen Bilbao auf den alten Hafen Amanum oder Amanus, dessen Name sicherlich phönicisch ist, nur nicht, wie ich in der Untersuchung über Tartessus angenommen habe, s. v. a. Sicherheit gewährend bedeutet, sondern wohl zweifellos der Name

Hamman (Sonne, Sonnensäule) ist. Dem entsprechen östlich an den Pyrenäen die Namen Magrada und Menosca oder, was wohl nur eine verderbte Schreibart davon ist, Menlascus. Ersterer Name ist deutlich die bekannte Entstellung des Namens Melkarth, und letzterer erinnert an die Ausdrücke Minous und Monoicus in den Namen der sicilischen Phönicierstadt Heraclea Minoa und des ligurischen, unstreitig ebenfalls von Phöniciern gegründeten Portus Herculis Monoici, die man mit Hymmon, einer dunkeln Aussprache für Hamman, zusammenstellen darf. So wären denn alle drei Punkte des bedeutungsvollen Dreiecks mit Namen besetzt, welche alle fast gleich deutlich auf die phönicischen Hauptgottheiten hinweisen. Vielleicht aber hat auch noch ein anderer Name einige Bedeutung. Wie zwischen Bilbao und Viana der Ortsname Orduna vorkommt, welcher, wie in der Schrift über Tartessus bemerkt worden ist, leicht phönicischen Ursprungs sein könnte, so liegt zwischen San Sebastian und Viana ein Ort Tolosa. Dieser Ort soll zwar erst in neuerer Zeit angelegt sein. Auf solche Angaben ist aber nicht viel zu geben, denn auch Bilbao soll ein erst in neuerer Zeit angelegter Ort sein und doch kommt sein Name, dessen Klang noch dazu ziemlich gut semitisch in's Ohr fällt, wie mir Herr Dr. Grotefend gesagt hat, auf celtiberischen Münzen vor, und nur in seiner dermaligen Gestalt mag es eine Schöpfung erst neuerer Zeit sein, während sein Name schon seit dem Alterthume an der Stelle haftet. Eben so möchte es mit diesem Tolosa sein, da sein Name ja identisch mit dem französischen Toulouse ist und dieses unter dem Namen Tolosa bereits im Alterthume eine berühmte und durch Handel reiche Stadt ist. Es ist aber gewiss nicht ganz bedeutungslos, dass auf dem Isthmus sowohl der Ebrostrasse wie an der Garonnestrasse einer und derselbe Ortsname vorkommt, der noch dazu als phönicischen Ursprungs betrachtet einen für seine Lage ausserordentlich geeigneten Sinn giebt, nämlich Dollmetscherort oder Unterhändlerort.

So hätten wir also die durch den Ebro bestimmte Handelsstrasse bis zum nördlichen Meere verfolgt und sie mit Spuren phönicischen Handels besetzt gefunden. Wenden wir uns nun zu der die kürzeste Verbindung der europäischen Süd- und Nordküste abgebenden Garonnestrasse, so ist· zwar Narbo als eine der ältesten und blühendsten Handelsstädte Galliens bekannt

(Strab. 4, 186. vgl. 188 sq.), aber dass eine Phöniciercolonie daselbst gewesen sei, ist meines Wissens durch nichts festgestellt. Und gleichwohl möchte man theils um dieses ihres hohen Alters, theils um der Nachbarschaft anderer phönicischer Colonien willen, für deren Handel Narbo als Schlüssel zur Garonnestrasse ein Hauptpunkt sein musste, allein schon schliessen, dass sie geradezu eine phönicische Gründung gewesen sei. In der Endung des Namens Narbo erkennt man die Verstümmelung aus Baal, und die erste Sylbe könnte entweder Leuchte, oder Fluss bedeuten, so dass der Name zunächst phönicischer Name des Atax wäre. Wie dem übrigens auch sei, Ein Umstand setzt es über allen Zweifel hinaus, dass die Garonnestrasse von den Phöniciern für den Handel mit dem Norden benutzt worden ist. In Toulouse nämlich sind sehr viele phönicische Münzen gefunden worden (s. Gesenius monumm. p. 298). Da Toulouse da liegt, wo die aus dem nördlichen Meere kommenden Waaren die Garonne verlassen mussten, um zu Lande an das mittelländische Meer bei Narbonne weitergeführt zu werden, und wo sich auch jetzt der Garonnekanal abzweigt, so ist die Auffindung von vorzugsweise viel phönicischen Münzen gerade an dieser Stelle so höchst bezeichnend, dass es gar keines Wortes bedarf, um die Strasse von Narbonne über Toulouse nach Bourdeaux als einen alten phönicischen Handelsweg festzustellen.

Endlich kommen wir zur Rhone, welche mit dem nördlichen Meere theils durch die Loire, theils mittels der Saone durch die Seine und selbst durch den Rhein in Verbindung gesetzt ist. Hat es früher scheinen können, als ob Marseille eine griechische Gründung sei, so ist in neuerer Zeit durch Auffindung der so wichtigen phönicischen Inschrift daselbst festgestellt, dass daselbst auch eine phönicische Niederlassung, und zwar, wie man annehmen muss, eine sehr bedeutende, war, welche wohl der griechischen vorausgegangen sein muss. Die Stelle, auf der sie gefunden worden ist, soll früher einen Dianentempel getragen haben. Diese Angabe mag nur daher rühren, dass der Dianencultus in Massilien überhaupt feststeht, während die Inschrift selbst zunächst nur auf einen Baals-Tempel hinweist. Wie dem aber auch sei, so wird bei der Angabe doch an die phönicische Diana gedacht werden müssen, wie an den phönicischen Herkules gedacht werden müsste, wenn die Angabe von einem Herkulestempel spräche. Diese phönicische oder überhaupt asiatische Diana, also die Astarte, ist es aber, deren Cultus in Massilien blühete, denn sie wird von Strabo (4, 183 Cas.) die ephesinische genannt. Speciell berichtet hierbei Strabo, dass ein Tempel der ephesinischen Diana in Massilien auf einer Insel und neben demselben zwei Thürme errichtet worden seien wegen der durch häufige trübe Luft und die flache Küste schwierigen Einfahrt in den Hafen. Diese Bemerkung liefert den schlagendsten Beweis, dass diese Dianentempel und Dianensäulen ganz solche Schifffahrtszeichen waren, wie wir es von den Herkulestempeln und Herkulessäulen behauptet haben, indem es bei diesen Anstalten nur darauf ankam, ob sie dem Baal oder der Astarte zu Heiligthümern gewidmet wurden, zugleich auch den Beweis, dass das Phönicierthum in Massilien in hohem Masse hervortrat, dass es seine Zeichen mit den wichtigsten Angelegenheiten der Stadt in Verbindung setzen konnte. Also hätten die Phönicier auch den Schlüssel dieser dritten Handelsstrasse nach dem Norden in ihren Händen, und nach dem, was bereits gesagt ist, muss es als selbstverständlich betrachtet werden, dass sie eben von hier aus diese jetzt ebenfalls kanalisirte Wasserstrasse zum Handel mit den Ländern des nördl. Meeres benutzten.

Es darf nicht Wunder nehmen, wenn an der massilischen Wasserstrasse nach dem Norden Spuren phönicischen Alterthums weniger vorkommen. Der Weg durch das Land schon bis zur Mündung der Loire, noch viel mehr bis zu der der Seine und des Rheins ist zu lang, als dass die Phönicier eine Kette von Stationen hätten sollen unterhalten und sich mit den verschiedenen Völkerschaften allen in das nöthige friedliche Verhältniss setzen können. Ihr Verkehr mit dem Norden war also hier durch die Völker Galliens vermittelt.

Doch einiges Wenige kommt allerdings vor, was auch an diesen Strassen Phönicier vermuthen lässt. Strabo (4, 185 Cas.) berichtet, Q. Maximus Aemilianus habe nach einem Siege über die Gallier am Einflusse der Isara (Isere) in die Rhone ein Tropäum aus weissem Stein errichtet und dazu zwei Tempel, einen des Mars und einen des Herkules. Dass nach einem Siege ein Tropäum und ein Marstempel errichtet wird, ist natürlich, und wenn wir den Marstempel von der praktischen Seite als eine Militärstation betrachten, erklärt es sich sehr wohl, wenn er an der Vereinigung zweier Flüsse angelegt wird. Aber was soll ausserdem noch ein Herkulestempel? Und was soll er an einer für die Flussschifffahrt so wichtigen Stelle, wie die Vereinigung zweier Flüsse? hier insbesondere die Vereinigung der von der Rhone nach dem Gebiete des Po hinüberführenden Isara? Unstreitig würde doch hier an den ligurischen Herkules zu denken sein, der mit dem phönicischen auf einen und denselben hinausläuft, da das Auftreten des Herkules in Ligurien doch wohl nur das Auftreten der Phönicier in diesem Lande mythisch darstellt. Dazu kommt, dass Strabo den ganzen Feldzug im Interesse der Massilier geführt und auch diese Tempel in ihrem Interesse erbaut erscheinen lässt. Also möchten die in Rede stehenden Gallier nach ihrer Weise (vgl. Strab. 4, 183) die Schifffahrt der Massilier auf der Rhone und Isere belästigt haben, der Herkulestempel möchte eine durch einen Marstempel befestigte Anstalt für die Stromschiffer sein; eine Annahme, bei welcher es sich wieder erklären würde, warum auch hier gerade zwei Tempel errichtet werden, wie in Massilien zwei Thürme, und warum ausdrücklich erwähnt wird, dass das Tropäum aus weissem Stein bestanden habe. Denn sollen Richtungen genommen werden, so gehören dazu immer zwei Richtpunkte, und Gegenstände, welche weithin sichtbar sein sollen — so unter Andern Leuchtthürme —, werden weiss angestrichen. Unter solchen Umständen würde aber der Herkulestempel auf eine Niederlassung der massilischen Phönicier an der bezeichneten Stelle hinweisen.

Und so könnte es auch noch einen solchen Sinn haben, wenn Tacitus (German. c. 34) von dem Gerüchte spricht, dass bei den Friesen um die Mündung der Schelde und des Rheins noch Herkulessäulen übrig seien. Denn das könnte doch leicht der Fall gewesen sein, dass wenigstens bei den Einfahrten in diese Ströme zum Aufkaufe der von den Barbaren zur See eingeführten Waaren und zur Leitung ihrer Spedition nach dem Süden die massilischen Phönicier Agenten gehalten hätten, die dann die Veranlassung zur Signalisirung der Einfahrten in die Ströme nach phönicischer Weise gegeben hätten.

Wie dem übrigens auch sei, so reicht es hin, an den südlichen Ausgangspunkten dieser Flussstrassen Phönicier nachgewiesen zu haben, um festzustellen, dass von den Phöniciern diese Flussstrassen für den Verkehr mit den Anwohnern des nördlichen Meeres benutzt worden sind. Ist dies aber der Fall, so muss man auch einsehen, dass diese Strassen überhaupt die einzigen gewesen sind, welche die Alten und speciell die Phönicier für den Handel mit dem europäischen Norden kannten [6].

Anmerkungen.

[1] Einige beredte Zeugnisse hierüber s. bei Strabo 4, 177. 192. 194. Im Allgemeinen s. Benedikt, Versuch einer Geschichte der Schifffahrt und des Handels der Alten, Leipzig 1806.

[2] Die Erzählung bei Strab. 3, 175 von dem gaditanischen Schiffer, welcher sein Schiff lieber auf den Sand laufen lässt, als dass er einem ihm nachfahrenden römischen Schiffer gegen das Interesse der Gaditaner zum Wegweiser in den Norden dient, ist handgreifliche Anekdote, geflossen aus einer Vorstellung, als ob für eine weite Seefahrt ein Schiff dem andern in ähnlicher Weise nachschleichen könne, wie auf einer Landreise durch unbekannte Gegend ein Wanderer dem andern. Von Versuchen römischer Schiffer, direkte Seefahrt nach dem Norden zu treiben, schweigt übrigens ohnehin die Geschichte. Gesetzt übrigens auch, die Gaditaner hätten Seehandel nach dem Norden getrieben, so gälte dies doch nur eben von ihnen, nicht von andern von Phöniciern besetzten Plätzen, deren Lage ihre Bewohner auf andere Handelswege wies. Stranden ist endlich kein Spass.

[3] Ueber diese ehemalige Handelsstrasse quer durch das Schleswigsche s. Outzen, Untersuchungen über die denkwürdigsten Alterthümer Schleswigs und des Dannewerks, Altona 1826.

[4] Die total irrige Vorstellung, als seien Seereisen leichtere Unternehmungen als Landreisen, sollte gar nicht geäussert werden. Schon Strabo 7, 294 Cas. spricht sich sehr richtig umgekehrt aus.

[5] s. bes. Strab. 4, 188 f.

[6] Wie in der Untersuchung über Tartessus angeführt ist, ist dieser Handelsweg, namentlich durch Gallien, für das höhere Alterthum durch die Angabe bezeugt, dass der Bernstein auf dem Eridanusflusse dem Süden zugeführt worden sei. Der Name Eridanus weist unleugbar auf die nachmals Rhodanus genannte Rhone hin, während zugleich der Po für jenen alten Fluss ausgegeben wird. Die Gebiete der Rhone und des Po grenzen durch die Isere (an deren Einmündung in die Rhone die obenerwähnten Tempel errichtet wurden) an einander, und es war natürlich, dass nordische Produkte, welche nach dem adriatischen Meere gehen sollten, die Isere hinauf nach dem Po geführt wurden, was, weil man den Flussweg für ununterbrochen hielt, zu der Vorstellung veranlasste, dass Rhone und Po nur zwei verschiedene Arme eines und desselben Eridanus ausmachten. Dieselbe Unkunde von der Natur dieser den Norden mit dem Süden verbindenden Wasserstrasse hat dann auch die Vorstellung einer ununterbrochenen Wasserstrasse zwischen Nord und Süd und somit die Annahme veranlasst, dass der Eridanus mit einem Arme in das südliche, mit dem andern in das nördliche Meer ausmünde.

Drittes Kapitel.

Das Bernsteinland der Alten.

Bei der Untersuchung über Tartessus war ich noch der allgemeinen Meinung, dass das Bernsteinland der Alten unsere heutige ostpreussische Bernsteinküste sein müsse. Nur in der Lage, von den Bedingungen, von welchen die Möglichkeit unserer jetzigen weitgehenden Schifffahrt abhängt[1], unmittelbare Anschauung zu erhalten, musste ich es für unmöglich erklären, dass im Alterthume phönicische Schiffer direkte Seefahrt nach dieser entlegenen Küste hätten unternehmen können, und dagegen als unbestreitbare Thatsache es behaupten, dass nur die Anwohner der Nordsee selbst, namentlich auch die von Strabo (4, 200 Cas.) als Freunde von Bernsteinwaaren bezeichneten Britannier, die Zufuhr des Bernsteins nach dem Süden hätten vermitteln können.

Die Erwägung aber, dass diese nördlichen Völker lediglich Küstenfahrer sein konnten, die mit ihren Fahrzeugen nicht über die engen Grenzen der ihnen mit allen ihren Eigenthümlichkeiten wohlbekannten Nachbarmeere hinausgehen, liess in Bezug auf den alten Bernsteinhandel auch nicht einmal die Annahme zu, dass diese Anwohner der Nordsee auf dem langen und gefahrvollen Wege um Jütland durch das Kattegat und den Sund oder die Belte die Ostsee entlang bis zur ostpreussischen Küste oder umgekehrt ostpreussische Schiffer auf demselben Wege bis zu der Nordküste Frankreichs oder gar Spaniens gefahren wären, sondern nöthigte zu der Annahme eines abermaligen Zwischenmarktes zwischen Nordsee und Ostsee, an welchem die Verkäufer aus dem Osten mit den Käufern aus dem Westen zusammentrafen, um das, was von beiden Seiten Werth für den andern Theil hatte, gegenseitig umzutauschen. Als der einzig geeignete Punkt für einen solchen Zwischenmarkt aber musste der Fuss der cimbrischen Halbinsel anerkannt werden, der beiden Theilen einen über 100 geographische Meilen langen und sowohl durch die Beschaffenheit des Meeres selbst als durch die Raubgier roher Anwohner gefahrvollen Seeweg ersparte und einen kurzen und gefahrlosen Landtransport der Waaren an dessen Stelle setzte. Durch die Kanalisirung der Eider ist die Wichtigkeit dieser Strasse für die kleine Schifffahrt zwischen Nord- und Ostsee noch in unserer Zeit beurkundet.

Diese damals nur aus Grundansichten über die Natur der Seefahrt gefolgerte Annahme findet ihre volle Bestätigung in dem Zustande der Dinge in späterer Zeit. Noch in den ersten Jahrhunderten des Christenthumes im Norden gab es keinen direkten Seeverkehr zwischen der Nord- und Ostsee durch das Kattegat, sondern der Handel zwischen beiden Meeren bewegte sich über den Fuss der cimbrischen Halbinsel in der Art, dass die Seefahrer des Westens, unter denen hauptsächlich die Briten hervortraten, mit ihren Fahrzeugen die Eidermündung herauf in die damals unter dem Namen Nordereider bekannte Treene bis zu dem nur noch zwei Meilen von Schleswig gelegenen Hollingstedt fuhren, die Seefahrer der Ostsee dagegen in die Schley bis zu dem im innersten Winkel dieses langen Meerbusens gelegenen und wesentlich mit Schleswig identischen Haddebye einliefen, die aus dem Westen in den Osten und umgekehrt zu führenden Waaren also nur den kurzen Landweg (es ist dies gerade der Weg, längs dessen das merkwürdige Dannewerk, eine in ihren Anfängen uralte Landwehr) zwischen den genannten beiden Städten machten, um aus dem einen Wassergebiete in das andere zu gelangen. Damals ragte unter allen Städten des Nordens als Handelsemporium Schleswig (Haddebye) hervor, sein Hafen wimmelte, wie es bei einem gleichzeitigen Schriftsteller heisst, von den Schiffen aller (ostseeischen) Nationen und sein Name wurde selbst den Arabern bekannt. Entsprechende Wichtigkeit hatte der gegenüberliegende Stapelplatz Hollingstedt, wo die Engländer ihre Packhäuser hatten, deren Steine nach dem Verfalle dieses Handelsweges zum Bau der dortigen Kirche verwendet worden sind. Hier stand auch eine Burg des Bischofs von Schleswig, in der er einen einträglichen Land- und Wasserzoll erhob. Später wurde die Schleymündung unfahrbar gemacht und der Handel verzog sich von hier, indem die englischen Geschäftsleute nach Ripen dem Kattegat ziemlich gegenüber gingen, bis zuletzt die Vervollkommnung der Schifffahrt zur Umschiffung der Halbinsel führte. Unter den Seefahrern, welche den Hafen von Haddebye frequentirten, werden auch Preussen angeführt, welche Bernstein dem Westen zuführten ².

Nun sagen wir wieder, wie wir oben in Bezug auf den Verkehr zwischen Nordsee und mittelländischem Meer gesagt haben: War noch in diesen verhältnissmässig späten Zeiten der Handel zwischen Nord- und Ostsee mittelbarer und indirekter Handel, so war er es in frühern Zeiten nur noch viel mehr, und ging also schon im Alterthume preussischer Bernstein über die Nordsee dem Süden zu, so geschah dies nur um so sicherer nicht durch direkte Seefahrt aus einem der beiden Meere in das andere, sondern durch Vermittelung des Landtransportes über die kürzesten Landstrecken am Fusse der cimbrischen Halbinsel hinweg. Hierbei brauchen wir aber den Weg von der Schley nach der Treene durchaus nicht als den einzigen über die Halbinsel hinweg zu denken, sondern auch der (jetzt kanalisirte) Eiderweg von der Kieler Gegend aus, ja selbst noch der durch Trave und Alster bezeichnete Weg in der Richtung von Lübeck auf Hamburg, dessen Kanalisirung zu Gunsten der kleinen Schifffahrt später ebenfalls versucht worden ist, könnte als Verbindungsweg zwischen Nord- und Ostsee benutzt worden sein³.

Erwägen wir den Umstand, dass der Süden auf die bezeichnete Weise die Ausfuhrartikel der Ostseeländer nur aus zweiter, dritter Hand bekam und dass die Ostsee ein ganz isolirtes Meer war, so müssen wir auch einsehen, dass, wenn auch aller im Süden gebrauchter Bernstein preussischen Ursprungs gewesen wäre, der Süden über diese wahre Heimath des Produkts durchaus im Unklaren bleiben musste, und dass wir also, selbst wenn Preussen das wahre Bernsteinland war, doch von den griechischen und römischen Schriftstellern gar nicht erwarten dürfen, dass sie dasselbe auch wirklich kennen, also auch, wenn sie vom Bernsteinlande sprechen, Preussen ihnen dabei vor Augen stehen könne. Schon aus diesem Grunde müssen sie also ein anderes Land als Preussen im Sinne haben, und es ist durchaus verkehrt, die Nachrichten der Alten über das Bernsteinland auf die preussische Küste beziehen zu wollen, wohin sie, es mag gezerrt werden, wie man will, eben so wenig passen, als die Angaben über den Wohnsitz des ersten Menschenpaares, die überschwenglicher preussischer Patriotismus auf Preussen beziehen zu dürfen gemeint hat. Im Gegentheil war unter bewandten

Umständen der Fall gegeben, der so häufig vorgekommen ist, das Bezugsland (den Markt) mit dem Ursprungslande des Artikels zu verwechseln, und schon aus diesem Grunde möchte immerhin Preussen das wahre Bernsteinland gewesen sein; als dasjenige Bernsteinland, von dem die alten Schriftsteller sprechen, müsste der Fuss der cimbrischen Halbinsel angesehen werden [4].

Aber die Alten haben in weit höherem Sinne Recht, wenn sie den ihnen bekannt gewordenen Theil der cimbrischen Halbinsel für das Bernsteinland erklären. Die Bernsteinregion beschränkt sich nämlich keinesweges auf die Küste Ostpreussens, sondern der Bernstein gehört überhaupt der Ostsee an, ja selbst die Nordsee von der Elbe an nordwärts liefert noch so viel Bernstein, dass er gewerbmässig gesammelt wird. Von der ostpreussischen Küste an westlich bis hinauf nach Jütland, an den dänischen Inseln und dem südwestlichen Theile Schonens wird allenthalben Bernstein theils vom Meere an's Land gespült, theils bei'm Graben in der Erde gefunden, hier mehr, dort weniger, und er ist daher an allen diesen Küsten ein den Anwohnern sehr wohl bekannter Artikel. In der That ist man also schon, im Bernsteinlande, wenn man am Fusse der cimbrischen Halbinsel ist. Ja die cimbrische Halbinsel, und zwar an ihrer Westseite noch mehr als an ihrer Ostseite, scheint dasjenige Land zu sein, welches nach Ostpreussen von dieser ganzen Bernsteinregion den meisten Bernstein liefert und der preussischen Küste gegenüber geradezu die westliche Bernsteinregion genannt zu werden verdient. Mir selbst in Hamburg ist es mehr als einmal begegnet, dass ich im Kies, der aus der nächsten Umgebung der Stadt stammte, kleine glänzende Stücke fand, die ich als Bernstein erkannte, und Freunde, die mit der Natur in lebhafterem Verkehre stehen als ich, haben mir gesagt, dass dies gar nichts Ungewöhnliches sei, und dass auch die Elbe in der Nähe Hamburgs einzelne Male Bernsteinstücke an's Land geworfen habe. An der Elbmündung bei Ritzebüttel kommt Letzteres schon häufiger vor. Von einem kurzen Aufenthalte in einem Ostseedorfe nördlich von Lübeck brachten einst meine Kinder eine Anzahl Stücke Bernstein mit, die sie selbst am Strande gefunden hatten. Sie hatten dabei gehört, dass der Bernstein, auch in grössern, werthvollern Stücken, besonders nach Stürmen, in dortiger Gegend sehr häufig vorkomme, dass man nach Stürmen den Strand sehr emsig abzulesen gewohnt sei und den gefundenen Bernstein gemeinhin nach Lübeck verkaufe. Sie hatten sich auch dort überzeugen können, dass es im Dorfe zu einer nützlichen Nebenbeschäftigung der Landleute gehörte, aus den unbedeutendern Stücken kleine Spielwaaren zu drechseln. Endlich hatte ich gelegentlich auch noch erfahren, dass besonders auf der der Insel Fehmarn zugewandten Nordostecke Holsteins, dem auch antiquarisch interessantesten Theile des Landes, fossiler Bernstein in besonderer Menge vorkomme. Doch die Bedeutung dieser kleinen Erfahrungen lernte ich erst aus den mit überaus grossem Fleisse und Sorgfalt gesammelten höchst lesenswerthen Nachrichten E. C. Werlauff's (Beitrag zur Geschichte des nordischen Bernsteinhandels, besonders abgedruckt aus dem Neuen Schleswig-holsteinischen staatsbürgerlichen Magazin Bd. X, Schleswig 1840) kennen, aus denen ich erfuhr, dass der südlich der Eider etwa vorfindliche Bernstein gar nicht zur Sprache komme gegen den, welcher nördlich derselben an der ganzen Halbinsel und insbesondere auf einzelnen Strecken derselben gefunden werde. In dieser Schrift, auf welche hiermit wegen der einzelnen Nachweise ein für allemal verwiesen sein soll, wird nachgewiesen, dass die Menge des innerhalb der dänischen Staaten jährlich gesammelten Bernsteins ganz beträchtlich ist. Baggesen (d. dän. Staat Bd. I. S. 25) schlägt sie zu 1500 — 2000 Pfund an, Werlauff bringt aber in Anschlag, dass wegen Mangels fast jeder Controle ein sehr bedeutender Theil des gefundenen Bernsteins sich jeder Veranschlagung entzieht und sich vereinzelt verliert, und dass die jährliche Ausbeute noch grösser sein würde, wenn die Gewinnung nur einigermassen regelmässig betrieben würde. Fossiler Bernstein kommt allenthalben, See-Bernstein dagegen wesentlich nur an den Küsten der Halbinsel, der meiste an der nördlichen Hälfte derselben, in Jütland vor. An der Ostseite derselben ist es besonders die Küste der oberhalb des kleinen Belts in das Kattegat vorspringenden Halbinsel ihrer ganzen Ausdehnung nach von Ebeltoft bis zur Gierildsbucht oberhalb Greenaa, welche Jütland hier seine grösste Breite giebt, wo der Bernstein in namhafter Menge und namentlich auch in grössern Stücken gefunden wird. Der Hauptstrich aber der ganzen Halbinsel ist an der Westseite von der Mündung des Nissumfiord herab bis zur Südspitze der Insel Fanöe, wo er so häufig gefunden wird, dass in Ringkiöbing der Bernsteinhandel ein namhafter Handelszweig ist. Weiter südlich, obgleich auch an der nordfriesischen Küste Bernstein genug vorkommt, ist ein besonders ergiebiger Punkt nur noch die Hitzbank an dem Südwestende der Landschaft Eiderstedt an der Nordseite der Eidermündung. Südlich der Eider wird er allmälig seltener, in Süderditmarschen ist er seltener als in Norderditmarschen, und von der Elbe an kommt er nur noch ausnahmsweise vor. Im Vergleiche mit der Menge des ostpreussischen Bernsteins mag die cimbrische Halbinsel allerdings zurückstehen, theils weil die preussische Küste wirklich reicher ist, theils weil die Bernsteinfischerei dort streng bewachtes Regal ist und vortheilhafter betrieben wird. Leicht aber möchte auch die wilde Nordsee im Laufe von Jahrtausenden das sich nicht forterzeugende Material schneller erschöpft haben[5], der dänische Bernstein nimmt der Hauptmasse nach seinen Weg über Preussen nach dem Oriente und hilft wenigstens den von Preussen ausgeführten Bernstein mit vermehren[6], und endlich scheint der hohe Werth des Bernsteins im Alterthume bei gewiss nicht so starker Consumtion wie jetzt es geradezu zu erfordern, dass er damals nicht in derselben Menge producirt wurde, wie jetzt.

Unter solchen Umständen bedarf es keines Besinnens, um in der cimbrischen Halbinsel nicht nur einen Theil des Bernsteinlandes der Alten, sondern, selbst wenn ausser dem einheimischen Bernsteine auch preussischer von dort aus in den Handel mit dem Süden gekommen wäre, das Bernsteinland überhaupt, mit Ausschluss Preussens, zu erblicken, und zwar um so mehr, als es noch gar nicht ausgemacht, ja bei der für Küstenfahrer schon sehr weiten Entfernung von der cimbrischen bis zur samländischen Küste schon nicht so ganz leicht anzunehmen ist, dass im höhern Alterthume[7] die Bewohner der einen sich zur andern gewagt und überhaupt Kunde von einander gehabt hätten.

Zu dieser Auffassung der Sache nöthigt uns schon die Art, wie sich Tacitus (Germ. 45) über die Völker der Aestyer *(Aestyorum gentes)* ausdrückt, welche nach ihm die einzigen von allen sind, welche Bernstein sammeln *(soli omnium succinum legunt)*. Es ist unmöglich, dass Tacitus wohl von den ostpreussischen, nichts dagegen von den cimbrischen Bernsteinsammlern gehört haben sollte, um so weniger, als anzunehmen ist, dass er seine Nachrichten über das nördliche Deutschland in Britannien eingesammelt hatte, wo sich Unbekanntschaft mit der gegenüberliegenden Nordseeküste gar nicht denken lässt, Kenntniss der so weit östlich wie die preussische liegenden Ostseeküsten aber vielleicht kaum anzunehmen ist. Wenn demnach die Aestyer die einzigen sind, welche Bernstein sammeln, so können sie nicht die Anwohner der preussischen Ostseeküste sein, sondern sind entweder die Anwohner der ganzen Bernsteinregion von der Eidermündung sowohl nördlich hinauf bis in das mittlere Jütland, als östlich fort bis hinter nach Ostpreussen, oder nur die Bewohner der westlichen Bernsteinregion, also die Bewohner der Küsten der cimbrischen Halbinsel, und sogar in dem ersten dieser beiden Fälle wird angenommen werden müssen, dass Tacitus und die Bewohner Britanniens bei dem Namen Aestyer zunächst an die zunächst wohnenden, nicht an die entferntesten von allen gedacht haben.

So zu den Zeugnissen der Alten herübergeführt, lassen wir zuerst Plinius sprechen. Nach Plinius' eigener Meinung (37, 3, 11) ist der Bernstein (der übrigens häufig genug noch am Holze des Baumes, der ihn erzeugte, hängend gefunden wird) das Harz eines gewissen fichtenartigen Baumes, der auf den Bernsteininseln wächst. Die Meeresfluth reisst es von den Inseln hinweg und treibt es auf die Watten der Küste. Diese unrichtige Vorstellung könnte Misstrauen gegen die Angaben des Plinius erwecken. Aber mit Unrecht, denn ganz richtig hat Plinius die Natur des Bernsteins erkannt; nur weil die Geologie des Alterthums noch keine fossile Welt kannte (wie ja noch in nicht lange vergangener Zeit die Naturgeschichte die Gegenstände des fossilen Thier- und Pflanzenreichs nur unter den Begriff der Naturspiele zu bringen gewusst hat), so konnte er ihn nicht von einer urweltlichen, fossilen Baumart herleiten, sondern musste eine lebende Baumart der Jetztwelt als Bernsteinfichte annehmen. Sonst erklärt er es[8], nachdem er eine Menge freilich zum Theil nicht genug von ihm beachteter Meinungen angeführt hat, als gewiss *(certum)*, dass der Bernstein auf Inseln des nördlichen Meeres wachse und von den Germanen glesum

genannt werde, weshalb denn auch eine dieser Inseln, die bei
den Barbaren Austravia heisse, als Germanicus Cäsar dort sein
Wesen getrieben habe, von den Römern Glesaria genannt
worden sei. An einer andern Stelle (4, 13, 27), wo er die
europäische Nordküste in der Richtung von Osten nach Westen
verfolgt und bis zu den Ingävonen und Cimbern gekommen ist,
von denen die erstern wenig östlich vom Fusse der cimbrischen
Halbinsel, die letztern nicht über die Nordhälfte des Schleswigschen (wo für diejenigen, welche ein *promontorium Cimbrorum*
überhaupt annahmen, diese Halbinsel ungefähr aufhörte) hinaus
zu verlegen sind, sagt er [9], dass hierauf, also westlich der Halbinsel, dreiundzwanzig durch die Waffen der Römer bekannt gewordene Inseln folgen, deren vorzüglichste Borchana, desgleichen die von den Barbaren Austrania, von den Römern um
des Bernsteins willen Glesaria genannte Insel sei. Endlich
4, 16, 30 spricht er von den um Britannien herumliegenden
Inseln, hierbei zuletzt von den unterhalb Britanniens liegenden
Inseln Siambis und Axantos, von denen letztere sicher die französische Insel Ouessant, erstere natürlich eine ihr benachbarte
Insel (etwa Sena des Mela 3, 6, oder auch eine normannische
Insel) ist, und fügt hinzu [10], dass auf der diesen entgegengesetzten Seite, folglich nordöstlich von Britannien, in's deutsche Meer gestreut, die von den spätern Griechen Elektrides
genannten glesarischen Inseln liegen, so genannt, weil dort der
Bernstein wachse.

Deutlicher lässt sich auf die deutschen Nordseeinseln gar
nicht hinweisen. Da das Meer, auf welches sich die Seeexpe-
dition des Germanicus beschränkte, die Nordsee an der deutschen Seite, und der Fluss, von dem er in See ging, die Ems
war, so kann nur von dem Inselstriche, der von der cimbrischen
Halbinsel herab bis zur holländischen Küste reicht, die Rede
sein; die Insel Borchana ist die Insel Borkum und die von den
Römern Glesaria genannte Insel Austrania oder Austravia (vermuthlich ein nach Analogie von Norderney gebildeter Name
Osterney, Osteröe, Osterooge) wahrscheinlich die von
Borkum nur durch einen ganz schmalen Meeresarm getrennte
Insel Ostland.

Aber, wird man sagen, die Angabe des Plinius sei ja nicht
richtig, denn die ostfriesischen Inseln haben keinen Bernstein.

Allerdings bis auf die Inseln vor der Ems verliert sich Bernstein nur noch sehr vereinzelt, aber bei einem Produkte, welches sich nicht mehr naturgesetzmässig forterzeugt, ist es leicht möglich, dass Schätze, die ehedem vorhanden waren, jetzt nur erschöpft sind, oder auch ist es möglich, dass der Bernstein, wie andere Alluvionen, hier seine Richtung verändert hat. Aber Plinius sagt auch gar nicht, dass Austrania von der Menge des dort gefundenen Bernsteins Glesaria genannt worden sei, sondern nur dass Bernstein überhaupt dort vorkam, und wenn die römischen Soldaten von dem Stoffe, welcher im Süden mit Gold aufgewogen wurde, hier nur einigen am Strande und in den Händen einer rohen und ärmlichen Bevölkerung fanden, so mochte sie das leicht so frappiren, dass sie glaubten, im Mittelpunkte der Bernsteinregion selbst zu sein. Uebrigens schliesst auch Plinius die Bernsteininseln gar nicht auf Austrania ab, sondern spricht in der einen Stelle ausdrücklich von mehrern Inseln, welche, weil dort der Bernstein wachse, die glesarischen und elektridischen genannt würden. Und natürlich werden dann die übrigen weiter im Norden der Gruppe zu suchen sein. Dies würden nun schon die nordfriesischen Inseln sein können, auf deren Strand und Watten Bernstein noch jetzt in ansehnlicherer Menge angetrieben wird. Aber es ist auch historisch feststehende Thatsache, dass vor Zeiten die ostfriesischen Inseln von den nordfriesischen durchaus nicht so getrennt gewesen sind wie jetzt, und dass namentlich die dithmarsische Küste eine bedeutende Anzahl Inseln hatte, welche von der wilden Nordsee theils verschlungen, theils mit dem festen Lande zusammengeschoben worden sind. Ja selbst die topographischen Verhältnisse der Landschaft Eiderstedt, an deren Südwestecke die noch jetzt sehr ergiebige Bernsteinbank, die Hitzbank, liegt, und die Analogie späterer, historisch feststehender, Ereignisse weisen darauf hin, dass sie früher Insel gewesen und durch das von den nordfriesischen Inseln losgerissene Land mit dem Festlande in Zusammenhang gesetzt worden sei. Kurz, für die ältere Zeit haben wir uns eine einzige zusammenhängende Reihe von Inseln vom Rhein an bis wenigstens zur Eider, und von hier vollends bis zur jütischen Südgrenze zu denken, in welche dann auch die Inseln vor der Ems gehörten. Diese ganze einige Inselreihe, in welcher freilich wie jetzt so damals die nördlichen den meisten Bernstein hervorbrachten und der ganzen Gruppe den Namen der Bernsteininseln gaben, während die Südländer bei dem Namen unwillkührlich umgekehrt zunächst an die ihnen zunächstliegenden und bekanntern südlichen in derselben denken mussten, sind die glesarischen Inseln des Plinius. Von diesen durch ihre Sicherheit und Bestimmtheit zu einer festen Unterlage geeigneten Angaben des Plinius gehen wir zu den übrigen Angaben über, deren Verständniss allerdings weit schwieriger und umständlicher ist. Und so zeichnet sich zuvörderst der Bericht des Tacitus (German. 45) durch Unklarheit und Verworrenheit aus, welche ihn als positive Quelle für die Erkennung des Bernsteinlandes wenig brauchbar macht. Wir beschränken uns demnach darauf, nur nachzuweisen, dass, wenn er uns auch nicht nur bis über die Weichsel, sondern bis an den finnischen Meerbusen zu führen scheint, seine Berichte nichtsdestoweniger ihre Abhängigkeit von richtigern Nachrichten verrathen, sich mit den Angaben des Plinius recht wohl in Uebereinstimmung bringen lassen und wenigstens nichts dafür beweisen, dass die ostpreussische Küste sein Bernsteinland sei.[11] Wie schon erwähnt ist, sind nach Tacitus die Völkerschaften der Aestyer die einzigen von allen, welche Bernstein sammeln, woraus hervorgeht, dass Tacitus nicht zwei durch weite Entfernung von einander geschiedene Bernsteinregionen kennt. Aestyer sind dem Tacitus also ein gewisser allgemeiner Begriff, welcher verschiedene, aber von einem besondern Verwandtschaftsbande umschlungene Völkerschaften unter sich befasst. Dass eine solche Betrachtung der Aestyer ohne Vergleich besser auf die Bewohner der weit ausgestreckten, nur stellenweise mit besonders ergiebigen Bernsteinstrichen versehenen und an zwei verschiedene Meere vertheilten cimbrischen Bernsteinküste anwenden lässt, deren Bewohner trotzdem wegen der geringen Breite der Halbinsel durch den besondern skandinavischen Charakter in sich einartig und von den andern Germanen verschieden waren, als auf die ostpreussische Küste, ist klar. Der Name Aestyer scheint sich nicht mehr nachweisen zu lassen und war vielleicht ein solcher allgemeiner Begriff wie Germanen, den nur der auf die grossen Völkerverhältnisse achtende Römer schuf, dem gegenüber aber die Wirklichkeit in Germanien selbst nur Namen für einzelne kleinere Völkergruppen darbot, von deren einer höchstens der allgemeine Begriff eine willkührliche Erweiterung war. Das Einfachste scheint die Annahme zu bleiben, dass Tacitus in England die Anwohner der deutsch-cimbrischen Nordseeküste und was, besonders längs der Meeresküste, östlich über sie hinaus lag, Ostländer benannte, und dass der Ausdruck Ost, der, so weit das niederdeutsche Sprachgebiet, dem er angehört, reicht, nie anders als Oost, bei den Dänen und Schweden Oest lautet, in England schon zur Zeit des Tacitus eine Aussprache wie das spätere *East* hatte. In späterer Zeit finden wir wenigstens in England den Ausdruck *Easterling* so gebraucht, und ebenso in Holland den Ausdruck *Oosterling*, nur dass in England schon die Holländer selbst zu den Easterlingen gerechnet werden. Sonst könnte der Name auch der wirkliche Name der von diesem ganzen, in den unbestimmten Osten verlaufenden, Landstriche England zunächst gelegenen Landschaft, also etwa der Gegend um die Ems, wo Borchana und Austrania, oder um die Elbe oder Eider sein, der dann von Tacitus in ganz unbestimmter Weise auf die ganze ihm unbekannte Küste übergetragen wäre, die sich an sie anschloss. Und da Mela 3, 3 unter den drei grössten Sümpfen Germaniens auch eine *palus Estia* anführt, nirgends in Deutschland aber ausgedehntere Sümpfe noch bis auf den heutigen Tag liegen als die Moore in den Nordseeniederungen, und vorzugsweise um die Ems, so könnte die *palus Estia* recht wohl gerade diese Moorgegend sein. Jetzt kommt in dem einschlagenden Sprachgebiet der Name Este als Name eines zwischen Harburg und Stade eine theils urbar gemachte, theils aber auch noch Moor enthaltende Niederung durchströmenden Flusses vor, und unmittelbar in die Elbmündung ergiesst sich von der linken Seite her ein Fluss, Namens Ooste, von dem auch die ganze weite Moorgegend, die er durchfliesst, und die das Land weit umher mit Torf versorgt, in der Umgegend nur die Ooste genannt wird. Unter diesen Umständen wird man die Aestyer gewiss lieber in diese Gegenden verlegen, als um der Namen der Esthen willen an die preussische Küste, von welcher Esthland noch eben so weit entfernt ist als die cimbrische Halbinsel.

Die Aestyer gehören nach Tacitus zu den Sueven. Allerdings mag dieser Name einen sehr weiten Gebrauch zulassen. Denn über den Ausdruck Sueven bleibt es ebenfalls die einfachste Annahme, dass er s. v. a. **Schweifende**, im Gegensatz zu den **Sassen** oder **Sitzenden**, bedeutet und demgemäss der allgemeine Name für die allenthalben im Hintergrunde der von den Römern unterworfenen Germanen bis in unbestimmten Nordosten mehr von Jagd und Viehzucht als von Ackerbau lebende (Caes. B. G. 4, 1) Germanenschicht ist. Aber Sueven noch in Ostpreussen anzunehmen, wo die Alten und speciell auch Tacitus schon längst Sarmaten annahmen, das ist doch ein allzuweiter Gebrauch des Wortes. Nach Dio Cassius ist Drusus, der doch nur in einzelnen Richtungen bis zur Elbe vorgedrungen ist, in's Land der Sueven gekommen; bei Julius Cäsar erscheinen Sueven hinter den am rechten Ufer des Niederrheins wohnenden Ubiern, dass man sie in das Land der Ems und Weser setzen möchte, Strabo nimmt Sueven vom Rhein bis zur Elbe an. Was aber die Hauptsache ist, Tacitus selbst (Annal. 2, 44. 45) macht Sueven zu Nachbarn des cheruskischen Völkerbundes; Agric. 28 setzt er sie an die Britannien gegenüberliegende Nordseeküste nördlich von den Friesen, und da (Germ. 35) an dem *ingens flexus*, mit welchem Germanien gleich hinter den Friesen in den Norden zurücktritt, zunächst die Chaucen wohnen, nördlich noch von diesen; unsere Stelle selbst aber betreffend, so ist es aus dem Ende des Kapitels deutlich zu ersehen, dass die Aestyer noch gar nicht die östlichsten Sueven sind, indem östlich von ihnen noch die Suionen und Sitonen wohnen. Oestlich von diesen wohnen dann die Peuciner, Veneder und Fenner, von denen er (Kap. 46) nicht zu wissen sagt, ob er sie zu den Germanen oder zu den Sarmaten rechnen solle, indem namentlich die Peuciner, die auch Bastarner genannt würden, in mehrfacher Hinsicht den germanischen Charakter hätten. Wenn nun durchweg im Alterthume die Sarmaten an die Weichsel, zum Theil schon an die Westseite der Weichsel, gesetzt werden, wenn die Veneder, die doch unstreitig die Wenden sind, und noch mehr die Peuciner als ein Uebergangsvolk westlich von den Sarmaten, die Suionen und Sitonen wiederum westlich von diesen und die Aestyer endlich wieder westlich von diesen gesetzt werden müssen, so sieht man ein, dass die Aestyer so weit westlich vorgeschoben werden, dass es gar keine Schwierigkeit mehr macht, die Völkerschaften derselben dahin zu verlegen, wo sie für unsern Zweck am geeignetsten liegen, auf und in die Nähe der cimbrischen Halbinsel, auch landeinwärts die Elbe hinauf und im Nothfalle selbst von der Ems an. Waren ferner die Aestyer Sueven, und waren die Sueven ein mehr von Viehzucht als von Ackerbau lebendes und insofern eben schweifendes Volk[12], so zeigt noch die heutige Zeit, in welcher Weise die Viehzucht dieses ganzen Striches von Holland bis Jütland, und mit ihr die altsuevische animalische Kost, gegen die meisten andern Theile des alten Germaniens hervortritt; und ehe die weiten Haidegegenden dieses Landes durch anhaltende Arbeit, die Marschländer durch Eindeichung der Bodencultur übergeben worden sind, muss das ganze Land wesentlich Jagd- und Weideland gewesen sein. Auch der von den Sueven mitgetheilte Zug, dass sie in weitem Kreise um ihre Wohnplätze herum Wüsteneien liebten, passt so sehr auf die Natur der Haidegegenden, wie kaum von irgend einem andern Theile von Deutschland.[13] Auch der Name Sueven, wenn er Schweifende bedeutet, schliesst sich lediglich dem niederdeutschen Idiom an. Schütz in seinem holsteinischen Idiotikon hat einen Artikel Sueven, in dem er geradezu sagt: „Sueven, sweven, d. i. schweifen. Daher der Name der ältern Bewohner Holsteins und Ditmarsens, die immer herumschweben (s. Bolten, Ditmars. Geschichte I, 191). Die Sassen im Gegentheil entwöhnten sich der herumschweifenden Lebensart zur sitzenden." Im Artikel Setten, Sitten dagegen sagt er: „daher Saten, Untersaten: Sachsen, Eingesessene, Unterthanen, der ursprüngliche Name unserer Vorfahren, die an der Elbseite ihren Sitz hatten und sich nach demselben in Angelsaten, Holtsaten (Holsten), Wurtsaten (Wursten) unterschieden. Das hochdeutsche Sachsen ist blos durch Oberländer aus jenem Worte gebildet." Im Artikel Saxenbanden führt er eine ditmarsische Volkssage an, in welcher die (von Natur auf Viehzucht angewiesenen) Marschbewohner den Saxen entgegengesetzt werden. Ein redendes Zeugniss über das ehemalige Vorkommen des Namens Sueven in diesen Gegenden, in denen gewiss nie Schwaben im gewöhnlichen Sinne des Wortes sich angesiedelt haben, ist der jetzt in's Hochdeutsche umgemodelte Name Schwabstedt, — ein Städtchen an der Grenze der Landschaft Eiderstedt, auch an die Marsch stossend. Man wird also gewiss kein Bedenken tragen können, Sueven lieber in den hier in Frage kommenden Gegenden anzunehmen, und in dem suevischen Meere, welches die Sueven des Tacitus zu Küstenbewohnern macht, lieber die Nordsee als die Ostsee anzuerkennen. Dies wird um so nöthiger, da die den Aestyern **östlich** wohnenden Suiones und Sitones doch augenscheinlich nichts Anderes als die Sueven und Sachsen nach der ächt niederdeutschen Aussprache ihrer Stammwörter suewen (angelsächs. *sweovan*) und sitten *(to sit)* sind, deren erstere Tacitus nur um der etwas andern Namensform willen für etwas Anderes als das sonst Suevi genannte Volk hielt, und, weil er sie doch mit denjenigen Sueven, zu denen die Aestyer gehörten, in eine und dieselbe Gegend versetzen musste, gleich hinter die Aestyer setzte. Da nun über die alten Sachsensitze am Fusse der cimbrischen Halbinsel und insbesondere auf der östlichen Hälfte derselben kein Zweifel sein kann, so bekommen wir eine ganz sachgemässe Ordnung der Völker, denn im heutigen Mecklenburgischen befinden wir uns schon auf völlig altwendischem (venedischem) Grund und Boden. Die Aestyer aber würden bei dieser Ordnung gerade in die Bernsteindistrikte der cimbrischen Halbinsel zu wohnen kommen.

Schwierigkeit scheint es freilich zu haben, dass Tacitus die Aestyer an die **rechte** Seite des suevischen Meeres verlegt, nicht als ob diese rechte Küste nicht mehr die germanische Küste bliebe, wenn wir die Aestyer an die Nordsee versetzen, sondern weil einer rechten Seite eine linke gegenüber gedacht werden muss, was in Wirklichkeit nur innerhalb der Ostsee bei der der germanischen Küste gegenüberliegenden skandinavischen Küste der Fall ist. Aber erstens hat es durchaus kein Bedenken, die deutsch-cimbrische Nordseeküste zu verstehen und ihr gegenüber die englisch-schottische als die linke zu betrachten. Nennt doch Tacitus Agric. 28 die britannische Nordseeküste, und zwar nicht etwa der gallischen und suevischen Küste gegenüber, *nostra ripa,* und betrachtet somit die Nordsee auch in dieser Richtung noch als zwischen zwei Küsten liegend. Sodann aber bekommt ja das Germanien des Tacitus nicht erst in der Ostsee, sondern schon vom Skager Rak an ein skandinavisches Ufer sich gegenüber, so dass, wenn bernsteinsammelnde Aestyer noch längs der jütischen Kattegatküste angenommen werden müssen, sie auf dieser ganzen Strecke ein linkes Ufer in weit grösserer Nähe sich gegenüber haben, als wenn wir sie nach Preussen versetzen. Und so könnten wir ja von Tacitus gar nicht mehr verlangen, als wenn er das ganze Küstencontinuum von dem Austrania des Plinius an bis an den Eingang in den Belt, wo das cimbrische Bernsteinland noch mit einem der ergiebigeren Striche schliesst, von seinen Völkerschaften der Aestyer bewohnt sein liesse. Es würde bis hierher auch der Name **suevisches Meer** durchaus passend sein, denn noch bis auf den heutigen Tag wird das Kattegat nicht zur Ostsee gerechnet, sondern als ein Busen der Nordsee angesehen.

Noch kommt eine Specialität zur Sprache über die Art des Bernsteinsuchens bei den Aestyern. Der Bernstein wird gelesen *inter vada et in ipso litore,* d. h. **zwischen den Watten und am Ufer selbst.** *Vada* mag die Ostsee eben so gut haben, wie die Nordsee, aber gewiss keine solchen, bei denen der Ausdruck *inter vada et in ipso litore legitur* so bezeichnend wäre, als wenn an die germanisch-cimbrische Nordseeküste gedacht wird. Längs dieser ganzen langen Küste ist ein sehr bedeutender Unterschied zwischen dem **Ufer**, d. h. der Linie, welche das Wasser bei der Fluth erreicht, und den **Watten** oder dem Lande, welches nur bei der Fluth vom Wasser überlaufen, durch die Ebbe aber trocken gelegt wird; denn mehrere Meilen weit erstrecken sich an dieser Küste diese Wattenfelder in's Meer hinaus und bilden ein vom Ufer selbst verschiedenes grosses Vorland, innerhalb dessen auch das Meer einen besondern Namen, nämlich **Haff**, führt. Hier also spült das Meer den Bernstein und andere Dinge nicht nur an das Ufer, sondern lässt sie auch auf den Watten zurück, und noch bis auf den heutigen Tag machen es sich die Bewohner dieser Küsten und ihrer Inseln zum besondern Geschäfte, diese Watten zu begehen, um alles Brauchbare, was die See auf ihnen zurücklässt, bisweilen selbst (wie die dort sogenannten **Schlickläufer**) gegen die Strandrechtsgesetze, aufzusammeln, so dass auf diesen Watten, die allein an der schleswig'schen Küste gegen 50 Quadratmeilen betragen, ein mannigfaltiges Geschäftsleben besteht. Auch der Bernstein gehört noch jetzt zu den Gegenständen, um deren willen man die Watten absucht. Selbst der Ausdruck *inter vada* ist bezeichnend. Denn diese Watten sind keinesweges Ebenen, sondern es wechseln Hebungen und Senkungen, und in den letztern, folglich **zwischen** den erstern, bleiben Lachen und

Wattströme, welche wohl der Natur der Sache nach an dem, was die See mit sich führt, ergiebiger sein müssen, als die Höhen.[13b] Auch wird auf diesen Watten dann der Bernstein eben so gelesen *(legitur)*, nicht gefischt, wie an dem Ufer selbst. Zu den kleinern Zügen über die Aestyer des Tacitus, die sie in den bezeichneten Westen verweisen, gehört, dass sie die Mutter der Götter verehren. Diese Mutter der Götter wird doch unstreitig dieselbe Göttin sein, welche er Kap. 40 Hertha und Mutter Erde nennt und von den Reudingern, Avionen, Anglern, Eudosen, Suardonen und Nuithonen verehrt werden lässt. Halten wir uns an die Angler, so sind deren Sitze um die Schley unzweifelhaft; die Suardonen sind unstreitig in der Gegend der Stadt und des Flusses Schwartau, an dessen Einmündung in die Trave unterhalb Lübeck man neuerdings Spuren einer längst verschollenen befestigten Stadt von hohem Alterthume (das alte Lübeck) aufgegraben hat; die Variner sind unzweifelhaft in der Gegend von Warin bei Wismar und an der Warnow zu suchen, und somit scheinen alle diese Völkerschaften an der Ostseite des Fusses der cimbrischen Halbinsel und um den Lübecker Meerbusen gewohnt zu haben. Unter diesen Umständen wird man natürlich auch die ihnen religionsverwandten Aestyer am liebsten in ihre Nachbarschaft, also in die cimbrische Bernsteinregion, verlegen.

Entscheidend aber für die Lage der Aestyer in der Gegend der cimbrischen Halbinsel ist die andere von Tacitus mitgetheilte Notiz, dass die Sprache derselben sich der der Britannier mehr nähere als die der andern Sueven. Wenn irgend etwas für gewiss angenommen werden kann, so ist es das, dass die Sprache des eigentlichen Preussens niemals eine besondere Verwandtschaft mit der in England gesprochenen gehabt habe, denn schon Meckelnburg ist uraltes Slavenland, und auch den Namen der Oder *(Viadrus)* hörten die Alten in der slavischen Aussprache Vjodr. Dagegen ist es in demselben Masse für gewiss zu nehmen, dass die Sprache der Britannier immer mit denen der umliegenden Festlandsvölker verwandt gewesen ist. Tacitus selbst betrachtet das röthliche Haar der Caledonier und ihre grossen Glieder als Beweis ihres germanischen Ursprungs.[14] Wir können demnach die Aestyer an gar keine geeignetere Stelle setzen, als an die Nord-Britannien gegenüberliegende germanisch-cimbrische Küste.

Hierher verweist sie auch der Umstand, dass die Aestyer den Bernstein ebenso *glesum* nannten, wie nach Plinius die Bewohner der ostfriesischen Inseln. Auch hat sich der Ausdruck **Gles** in der cimbrischen Bernsteinregion, sei es in der speciellen Bedeutung **Bernstein** oder nur in der des **Glanzes** überhaupt, wirklich noch in einigen Ortsnamen erhalten. So liegt etwa eine Meile von Gierild und von dem Küstenstriche, welcher nach Werlauff von der Ostseite Jütlands den meisten Bernstein liefert, ein Ort **Glesborg**. Auch der Name der Kattegat-Insel Lässöe möchte durch die im Dänischen häufige Abstossung des g vor l (vgl. **lig** gleich, **Led** Glied, **Lükke** Glück, **Lämpe** Glimpf, plattd. **loven, löben** glauben) aus **Glässöe** entstanden und die Insel von ihrem weithin sichtbaren, blendenden Sande benannt sein. Auch' etwa zwei Meilen nördlich von Lübeck nach derjenigen Uferstrecke zu, welche jetzt den meisten Bernstein von ganz Holstein liefern soll, desgleichen nordwestlich von Lütjenburg an der Nordküste Holsteins, so wie westlich von der holsteinischen Stadt Segeberg liegen Ortschaften des Namens **Gleschendorf**, südwestlich von Eutin ein Ort **Glasau**.

Wenn nun aber ja Tacitus sagen will, dass die Aestyersprache auch mehr als die der übrigen Sueven zwischen Rhein und Elbe der Sprache der Britannier ähnle, so würde man die grössere Aehnlichkeit der Aestyersprache kaum in etwas Anderm suchen können, als darin, dass die Aestyer, als nördlich der Elbe wohnend, wie das heutige Nordfriesisch oder das sogenannte Angler-Dänisch, in ihrer Sprache bereits skandinavische Elemente hatten, die sich auch in der Sprache der Britannier, besonders der Caledonier, fanden. Man würde also die germanischen Elemente des Englischen nicht erst aus der Einwanderung der Sachsen und Angler im 5ten Jahrhundert, sondern die britische Aufforderung zur Hülfleistung an Angler und Sachsen aus noch älterer Stammverwandtschaft zu erklären haben. Warum sollten „die **Männer des Osts**" zu Ossians Zeit die ersten Normannen gewesen sein, die sich in Nordbritannien tummelten? Auf einen eigentlichen Nachweis uralter germanisch-'cimbrischer Elemente in der Sprache Englands lässt sich natürlich nicht mehr eingehen. Aber bei dem uralten Bernsteinverkehr zwischen Themse und Eider ist es doch eigen, dass dem schon bei Tacitus vorkommenden Namen der Themsestadt London an der Eidermündung der Name der Stadt Lunden gegenübersteht, was, wie der Name der schwedischen Stadt Lund, unbedingt das skandinavische Lund, Lunden, selbst mit der jetzt nur noch im Skandinavischen vorkommenden Endung en ist, wo das Wort einen Hain bedeutet. Dem wenigstens schon im Itinerar. Anton. vorkommenden York (Eboracum) entspricht ebenso der Name eines zwischen Harburg und Stade zwischen der Elbe und Este liegenden Städtchens Jork. Das schon von Pytheas angeführte Cantium (Kent) ist unstreitig das deutsche Kante nach dem im Holländischen, Plattdeutschen und Skandinavischen herrschenden Gebrauche für Rand, Uferrand, aber auch für Ecke (scharfe Kante).

Alle diese Umstände zusammengenommen weisen den Aestyern des Tacitus ihre Wohnplätze sicher in der cimbrischen, nicht in der preussischen Bernsteinregion an. Wollte man sagen, dass der Leser des Tacitus trotzdem einen Eindruck, als ob Tacitus von einer östlichern Gegend spreche, nicht ganz los werde, so kann unter Verweisung auf Not. 11 zugestanden werden, dass Tacitus eine klarere Vorstellung vom nördlichen Germanien unmöglich gehabt hat. Was jedoch die Aestyer betrifft, so zeigen die Worte *Ergo iam*, mit denen er auf die Aestyer übergeht, dass er sie nicht an das *aliud mare pigrum*, von dem er unmittelbar vorher spricht, sondern an früher erwähnte Sueven und Anwohner des suevischen Meeres angeknüpft wissen will.

Mit Vergnügen gehen wir nun zu einigen andern, zwar sehr dürftigen, aber aus klarer Anschauung hervorgegangenen und darum sehr lehrreichen speciellen Angaben über.

Plinius in seiner Beschreibung der Nordgrenze Europa's (4, 13, 27) führt uns auch dahin, wo Timäus eine Bernsteininsel Basilia statuirte.[15] Vorher bespricht er die Südgrenze und verweilt zuletzt an deren östlichem Ende, der Nordwestseite des schwarzen Meeres. Um nun, sagt er, die äussere, d. h. auswendige, an den Ocean stossende, Seite Europa's zu besprechen, sei über die Riphäischen Berge hinweg zu gehen und die Küste des nördlichen Meeres linker Hand bis Gades zu verfolgen. Hier ist nun die erste Frage die, an welchen Punkt der Nordküste vom schwarzen Meere aus Plinius sich und den Leser zunächst versetzt, um von ihm aus hernach die Küste des Continents bis Gades zu verfolgen. Allerdings scheint es hier nun das Einfachste zu sein, anzunehmen, dass Plinius hier die Richtung vom schwarzen Meere aus gegen Norden meine, weil er ja wohl Europa von Asien in der Richtung von Norden nach Süden getrennt denken und ihm also im Norden eben so viel geographische Breite als im Süden geben mag. So angesehen hat es also allerdings etwas für sich, uns durch Plinius an die preussische Bernsteinküste versetzt zu betrachten. Man kann das Erste zuzugeben sich aufgefordert fühlen, ohne das Zweite anzunehmen. Nämlich da im Alterthume von mathematischen Berechnungen der geographischen Länge keine Rede sein kann, und überhaupt die Kugelform der Erde gar-nicht hat gewürdigt werden können, so kann man gar nicht erwarten, dass die geographische Länge von Gegenden verschiedener Breitengrade sich den Alten habe richtig darstellen können. Wenn man nun auf die Weise sieht, nach welcher der von mathematischer Geographie entblösste Mensch bei seinen geographischen Construktionen verfährt, so stellt er sich gewöhnlich die vier Himmelsgegenden fest und nimmt geographische Gegenstände, welche diesen Richtungen im Allgemeinen und mehr oder weniger entsprechen, zu Richtpunkten für die Himmelsgegenden selbst. Man wagt nicht zu viel, wenn man annimmt, dass die Alten die griechische und italische Halbinsel als der Richtung nach Süden, Spanien dem Westen und Britannien dem Norden entsprechend gedacht haben, so dass die Meridiane in Europa in Richtungen gefallen sind, wie wenn wir die Karte Europa's übereck von Südosten nach Nordwesten vor uns legen. Durch diese Annahme allein schon würde der Ostseebusen, in dessen innerstem Winkel Lübeck liegt, etwa mit dem schwarzen Meere unter gleichen Meridian fallen. Um den Norden Europa's von der Elbmündung an östlich noch weiter östlich zurückgeschoben erscheinen zu lassen, trug aber wohl noch das Bekanntwerden der cimbrischen Halbinsel bei. Die hergebrachte Annahme, an welcher die vorsichtigen Geographen am meisten hingen, gestattete einmal Europa keine höhere nördliche Breite als die der Mündung der Elbe (die man sich wohl auch genauer von Süden nach Norden laufend dachte). Nun wurden aber doch die langen Küsten dieser Halbinsel und die Namen ihrer Bewohner bekannt und man musste ihr Dasein anerkennen. Was man also nicht in der Richtung nach Norden anerkennen wollte, das musste man natürlich in der Richtung nach Osten hinter einander verlegen[16]. Also wenn man annimmt, dass Plinius seine Leser vom schwarzen Meere aus nordwärts führt, so ist auch anzunehmen, dass er sich etwa die Meckelnburgische Küste in dieser Richtung denkt. Denn, Plinius mag es meinen, wie er will, das steht fest, dass er uns nicht an die ostpreussische Küste, sondern in Wirklichkeit nordwestwärts in die Nähe der cimbrischen Halbinsel versetzt.

Zuerst nämlich führt er uns vom schwarzen Meere über die riphäischen Berge.

Dieses Gebirge, von Alters her als die Grenze gedacht, jenseit welcher der unbekannte Norden anfängt, und darum in spätern Zeiten höher im Norden gesucht und angenommen, als in frühern, kann in der That kein anderes sein, als die Karpathen, deren alten und heutigen Namen Knobel[17] aus dem slavischen *chrb, chrib (auch hrb, hrib)* d. i. Höhe, Berg, *chrbet, chrbát, chrebet, chribet* (auch *hrbet* u. s. w.) d. i. Gebirgszug, Bergrücken erklärt. Dieses Gebirge liegt aber vom schwarzen Meere aus in derselben nordwestlichen Richtung wie die bezeichnete Nordküste. Die Bedeutung dieser Uebereinstimmung wird auch dadurch nicht vermindert, dass Plinius anderswo (4, 12, 24) die Quellen des Tanais in die riphäischen Gebirge verlegt. Denn über die wirklichen Quellen des Don hinaus kann uns Plinius gar nicht verweisen wollen, indem er uns dann ja an das weisse Meer verwiese. Der Don läuft für ihn nur längs der europäisch-asiatischen Grenze, wie er sie sich denkt.

In dieser Richtung nun am nördlichen Ocean angekommen, gelangen wir aber nicht einmal an das Bernsteinland, sondern an eine in der Richtung auf Gades fortlaufende Reihe von Inseln. Dieses passt offenbar auf die Ostsee durchaus nicht, die an der deutschen Seite von Riga bis zur Oder keine Insel hat. Erst an dem grossen Busen, innerhalb dessen die dänischen Inseln liegen, mit denen sich hier auch Schweden mittels seiner Südspitze Schonen gruppirt, demselben Busen, welcher als der *sinus Codanus* der Alten angesehen werden muss[18], befinden wir uns an einer entsprechenden Stelle, wo aber auch derjenige, welcher entweder gar keine cimbrische Halbinsel, oder nur ein bis in die Mitte oder bis zur Nordgrenze Schleswigs oder auch noch etwas weiter hinauf reichendes *promontorium Cimbrorum* annimmt, sich in Beziehung mit der Nordsee und den germanisch-cimbrischen Ostseeinseln erblicken muss, wie sich bei Plinius im Fortgange der von uns hier benutzten Stelle recht deutlich zeigt, der aus der Ostsee nach den ostfriesischen Inseln herüberkommt man weiss nicht wie, weil sein *promontorium Cimbrorum* mit der ganzen Halbinsel Cartris vermuthlich in einer von der Eidermündung nordöstlich laufenden Linie sich abgrenzt, längs welcher dann auch seine Inseln von den dänischen Inseln an in ununterbrochener Reihe bis Holland laufen. Kurz, nicht nach Ostpreussen, sondern an den Fuss der cimbrischen Halbinsel sind wir versetzt.

Von diesen die Nordsee hinab in der Richtung auf Gades sich erstreckenden Inseln ist es nach Timäus eine, welche Bernstein liefert, und diese liegt vor demjenigen Scythien, welches Raunonia heisst, eine Tagefahrt abwärts. Es leuchtet ein, dass der Name Scythien, welcher nach Plinius 4, 12, 25 hin und wieder auf Sarmaten und Germanen übergeht, im Westen der Weichsel nirgends eine so vorzügliche Anwendung leidet, als auf der cimbrischen Halbinsel, da man unter Scythen allemal weniger bekannte Völker in verhältnissmässig hohem Norden und von entschiedenerm nordischen Gepräge dachte, und gerade hier sich oberhalb der bekannten Germanen eine solche rauhere Volksschicht in einen höhern Norden hinaufzog.[18b] Speciell gebraucht Plinius den Ausdruck von diesen Gegenden, wenn er 32, 67, 67 sagt, der nördliche Ocean sei zum grössern Theile von den Römern beschifft worden, indem man Germanien bis zum cimbrischen Vorgebirge (hier scheint etwa die Landschaft Eiderstedt für das Vorgebirge der Cimbern, die auch in der That nicht nördlicher als im Schleswigschen gewohnt haben können, gehalten worden zu sein) umfahren und von da ein unermessliches Meer gesehen oder durch das Gerücht genannt erhalten habe bis zur scythischen Gegend. Dieses Scythien heisst ferner Raunonia. Hiermit ist die cimbrische Halbinsel auf eine Weise bezeichnet, die gar keinen Widerspruch zulässt. In allen germanischen Sprachen, von Holland an bis nach Schweden, ist der einheimische Name des Bernsteins eben Bernstein, d. h. Brennstein, Brandstein. Nur die dänische Sprache macht eine Ausnahme. Hier heisst der Bernstein nämlich Rav (spr.

Rau), und hierin stimmt, wie ich mündlicher Mittheilung verdanke, die Sprache der Nordfriesen überein, die das auf ihren Küsten und Watten selbst vorkommende Produkt **Rövstiin** nennen. Da sich die Sprache südlich und nördlich der Eider nachweislich erst im Laufe der Zeit mehr und mehr geschieden hat, so ist sehr leicht anzunehmen, dass der jetzige dänisch-friesische Ausdruck ehedem bis an die Elbe gebräuchlich gewesen, und dann im Süden der Elbe der Name *glesum* an seine Stelle getreten sei. Wir haben in Raunonia demnach ganz denselben Ausdruck, wie in Glesaria.

Wenn nun schon durch diesen cimbrischen Ausdruck das Bernsteinland als das cimbrische und zwar natürlich als derjenige Theil der Halbinsel, welcher dadurch, dass der Bernsteinhandel sich dort concentrirte, im Süden bekannt wurde, also als das Land der Eider und Schley[19], bezeichnet ist, so geschieht dasselbe durch das räumliche Verhältniss, in welches diese Insel theils zur Küste Germaniens, theils zu Raunonia gesetzt wird. Der von Plinius wiedergegebene Ausdruck des Timäus ist nämlich sehr auffallend und kann nicht einfach heissen, die Insel sei **von** Raunonia eine Tagefahrt entfernt gewesen, denn in diesem Falle würde es heissen *a*, nicht *ante*. Er will sagen: von den mehrern Inseln in dieser Richtung liege eine vor dem, Raunonia genannten, Scythien und zwar eine Tagefahrt von der Küste, welche entlang er uns in der Richtung auf Gades zu führt, und Raunonia, vor welchem gerade diese eine liegt, ist demnach etwas von der letztern Küste Verschiedenes. Man muss also das durch den Ausdruck bezeichnete räumliche Verhältniss so auffassen, dass die Insel von der Küste aus, von welcher sie eine Tagefahrt weit abliegt, betrachtet, vor Raunonia liegt, Raunonia also von derselben Küste aus betrachtet **hinter** der Insel und über dieselbe (nördlich) hinaus liegt. Wir sind also an einer Stelle, wo das cimbrische Bernsteinland der Festlandsküste **gegenüber** liegt. Von den Inseln, welche hier liegen, giebt nun die eine, die aber nicht an der diesseitigen Küste, sondern von ihr eine Tagefahrt abwärts und vor der Küste des gegenüberliegenden Raunonia liegt, den Bernstein. Dieses wollte Timäus sagen, und nun wissen wir sehr genau, wo wir sind. Wenn das cimbrische Bernsteinland überhaupt, wenn die Alten davon sprechen, vorzugsweise nicht in den den Alten unbekannten nördlichern, sondern in den südlichen bernsteinreichern Küstenstrecken gesucht werden muss, wo sich zuletzt der auf allen Seiten der Halbinsel gesammelte Bernstein zusammenfand, um von hier aus dem Süden zugeführt zu werden, so muss nun wieder nach dem bereits Angeführten vorzugsweise das Land an der Eidermündung und zunächst um dieselbe und hinter derselben, wo die vom Süden kommenden Schiffer anfuhren und die Bekanntschaft mit demselben machten, als Raunonia angesehen werden. An der Eidermündung aber haben wir nun gerade auch nur die räumlichen Verhältnisse, welche hier vorausgesetzt werden. Hier tritt die deutsche Küste sehr scharf gegen Osten zurück, die Elbe hat noch meilenweit in's Land hinein den äussern Habitus mehr eines Meerbusens als eines Stromes, und jenseits der Elbe treten die ditmarsische Küste, die schleswig'sche Landschaft Eiderstedt, ja selbst noch einige nordfriesische Inseln wieder so weit hervor, dass ein sehr bedeutender Meerbusen und zwischen den beiden Küsten diesseit und jenseit der Elbmündung das Verhältniss des Gegenüber recht augenfällig entsteht, und die Nordseite als ein transmarinisches Land (Transalbingien) erscheint. Auch die Entfernung passt vortrefflich, und es erklärt sich, wie es möglich ist, dass von den mehrern Inseln, welche hier längs einer und derselben Küste liegen sollen, doch nur einige oder gar nur diese eine vor Raunonia liegt.

Nun hat freilich die Küste von Eiderstedt bis zur Elbe keine Insel, sondern erst jenseit der Landschaft Eiderstedt setzen sich die mit der Elbmündung abbrechenden Inseln dieser Küste wieder fort. Aber es steht historisch fest, dass die ditmarsische Küste erst seit einigen Jahrhunderten durch die Gewalt der Nordsee ihrer Inseln entkleidet worden ist. Was auch auf Rechnung vergrössernder Sage gebracht werden mag, so ist es doch nachweisbar, dass es vor Zeiten ein gar nicht unbedeutendes Inselditmarsen[19b] gegeben hat. Noch vor einigen Jahrhunderten hängen einige der jetzigen Küstenstriche Ditmarsens noch gar nicht mit dem Festlande zusammen, sondern bilden Inseln. Andere bilden Halbinseln, sind also im Uebergange Festland zu werden begriffen, dagegen liegen da, wo jetzt die See geht, Inseln, deren Namen mit den Namen ihrer Kirchdörfer vollkommen bekannt sind und zum Theil noch an den Sandbänken und Watten haften, die als ihre traurigen Ueberbleibsel anzusehen sind. Man urtheilt nur den unzweifelhaften Thatsachen aus späterer Zeit gemäss, wenn man den ganzen breiten Wattengürtel der deutschen Nordseeküste, von Holland bis nach Nordfriesland hinauf, nur für die Unterlage ansieht, auf der sich früher ein Netz von bewohnten Inseln erhob, ganz so, wie Mela 3, 3 den *sinus Codanus* beschreibt, insbesondere bei den den baltischen Inseln gegenüberliegenden nordfriesischen. Aber auch eine Insel, die Bernstein geliefert hätte, in der Gegend der Eidermündung anzunehmen, hat um so weniger Schwierigkeit, je näher wir sie der Eidermündung selbst denken. Denn wirklich liegt, wie erwähnt, gerade an der Eidermündung einer der ergiebigsten Bernsteinpunkte und anderntheils würde die Insel, je näher der Eidermündung, um so leichter auch als ein Punkt zu betrachten sein, an dem sich die Ausfuhr des auch weiter nördlich gesammelten Bernsteins concentrirt hätte. Demnach weisen alle Umstände darauf hin, den Südwesten Schleswigs zuallernächst für das von Timäus unter Raunonia verstandene Land zu halten.

Die Vergleichung der eben behandelten Stelle mit der andern des Plinius 37, 2, 11 zeigt, dass Timäus diese Bernsteininsel **Basilia (Basileia)** genannt hat. Eine Bernsteininsel dieses Namens, an deren Identität mit der des Timäus zu zweifeln kein vernünftiger Grund vorliegt, nennt auch Diodor v. Sicilien 5, 23. Er drückt sich über sie so aus: der dort gesammelte Bernstein wird von den Eingeborenen an das gegenüberliegende oder jenseitige Festland gebracht, durch welches hindurch er nach den uns zu gelegenen Gegenden oder Plätzen geführt wird [20]. Diodor spricht hier als Sicilier, und die Gegenden, welche er „die unsrigen" nennt, sind demnach Sicilien und die Nachbarländer. Die diesen Ländern zu gelegenen Gegenden sind demnach die Handelsplätze an der Südküste Galliens und seiner Umgebungen; der Continent, durch welchen der Bernstein dahin geführt wird, ist demnach Gallien und seine Umgebung, und es ist demnach so deutlich, als es nur sein kann, angezeigt, dass der Bernstein von Basilia die Nordsee herab den Nordküsten Westeuropa's zugeführt werde, wodurch wiederum, namentlich da die Einwohner der Insel selbst denselben an diese Küsten führen, Basilia als eine Nordseeinsel bezeichnet ist. Aber dieser Continent wird als der Insel Basilia an einem zwischen beiden befindlichen Meerestheile **gegenüber** liegend bezeichnet. Es ist merkwürdig, wie ganz dies mit dem übereinstimmt, was wir als den eigentlichen Sinn der uns von Plinius erhaltenen Stelle des Timäus haben bezeichnen müssen. Freilich kann von jeder an einer Küste liegenden Insel gesagt werden, sie liege der Küste gegenüber, so wie auch umgekehrt die Küste der Insel. Aber immer wird das Verhältniss des Gegenüber von der Küste nur so weit statuirt werden, als ihre Breite der Breite der Insel entweder gleichkommt oder mit ihr doch wenigstens nicht in Missverhältniss steht. Das der Insel Fehmarn gegenüberliegende Festland ist nur die Nordostecke von Holstein, nicht etwa noch die Gegend um Lübeck, das der Plinius'schen Bernsteininsel Borkum gegenüberliegende Festland nur die Küste um die Emsmündung. Sollen wir unter dem der Insel Basilia gegenüberliegenden Festlande also ebenfalls nur einen ihrer eigenen Grösse entsprechenden Küstenstrich denken? Dann würde dieses Festland eine bestimmte kleinere Strecke sein, und diese müsste dann eine solche sein, dass sie gerade als einer derjenigen Punkte angesehen werden könnte, von denen aus der Bernstein dem Süden zugeführt wurde. Basilia aber müsste so liegen, dass dieser Küstenstrich der ihr am nächsten gelegene Theil des Festlandes wäre. Es ist einzusehen, dass wir auf diese Weise Basilia in eine Gegend verlegen müssen, in welcher gar keine Bernsteininsel angenommen werden kann[21], und wir müssen folglich, wenn wir nicht von vorn herein dem Diodor oder seinem Gewährsmanne eine sehr irrige Vorstellung von den geographischen Verhältnissen der Nordküste beilegen wollen, zu einer andern Auffassung des Wortes gegenüber schreiten.

Diese Auffassung ist aber folgende: Eine Küste, und wenn sie noch so lang wäre, kann einer Insel, und wenn sie noch so klein wäre, gegenüber gedacht werden, wenn letztere einem Ganzen als Theil angehört, in Bezug auf welches der Ausdruck passt, und bei dem Ausdrucke weniger an den einzelnen Punkt, als an das Ganze gedacht wird. So liegt für die Insel Fehmarn die ganze mecklenburgische Küste mitgegenüber, so weit die ganze holsteinische Küste, zu der man sie etwa mitrechnet, derselben gegenüber liegt, der Insel Rügen die schwedische Küste, so weit die deutsche Küste, zu der gehörig sie betrachtet wird, ihr gegenüber liegt; für jede der deutschen Nordseeinseln liegt die englische Ostküste mitgegenüber, sofern der Ausdruck gegenüber auf das Verhältniss der deutschen und englischen Nordseeküste passt; die Bewohner der Insel Wight werden die französische Nordküste sich gegenüber betrachten, sofern sie weniger dabei speciell an ihre eigene Insel, als an die ganze englische Südküste, zu der sie sie rechnen, überhaupt denken. Um also auch für den Ausdruck des Diodor eine passende Erklärung zu finden, haben wir Basilia als zu einer der in Rede stehenden Continentalküste gegenüberliegenden Küste von angemessener Ausdehnung gehörig zu betrachten, so dass der Ausdruck in so fern auf die Insel mitpasst, als er auf die Küste, an die sie sich anschliesst, passt. Und da nun dieser Fall in der Nordsee nur gegeben ist, wenn wir uns Basilia vor die nordalbingische (norderditmarsische oder südschleswig'sche) Küste denken, so sieht man, mit welcher überraschenden Uebereinstimmung Timäus und Diodor den Fuss der cimbrischen Halbinsel als das Bernsteinland bezeichnen.

Ebenso verweist uns endlich auch ein ebenfalls von Plinius (37, 2, 11) uns erhaltener Bericht des Pytheas über die Bernsteininsel Abalus[22] in das Gebiet der cimbrischen Halbinsel. Pytheas verlegt Abalus eine Tagefahrt von einem 6000 Stadien langen Ocean-Aestuarium Namens Mentonomon, welches von Guttonen bewohnt wird. Die Einwohner von Abalus verkaufen aber den von ihnen gesammelten Bernstein an die nächsten Teutonen. — Den Namen Mentonomon, welcher bei seinem so ausgedehnten Gebrauche von einem auf 120 geographische Meilen zu berechnenden Küstenstriche beinahe nur ein eine besondere Beschaffenheit desselben bezeichnendes Appellativum sein kann, an der cimbrischen Halbinsel nachzuweisen vermögen wir zwar nicht. Ein allgemeiner Name für einen so langen Küstenstrich ist aber auch kaum denkbar, wenn man sich die Küste in gerader Linie fortlaufend denken soll, weil eine so lange Fläche nicht leicht unter einen gemeinsamen Gesichtspunkt und Begriff fällt. Nur bei mehr oder weniger in sich zurücklaufender und eine Figur beschreibender Linie, also bei einer Insel oder Halbinsel drängt sich eine so lange Küste auf einen so engen Raum zusammen und bildet in sich selbst ein bestimmt begrenztes Ganzes, dass sie zur Zusammenfassung unter einen gemeinschaftlichen Begriff und Namen auffordert. Da nun die Küste der cimbrischen Halbinsel wirklich ziemlich genau die angegebene Ausdehnung hat, auch durchweg so beschaffen ist, dass sie vorzugsweise *aestuarium*[22b] genannt werden kann, so scheint an der ganzen europäischen Nordküste kein Küstenstrich von solcher Ausdehnung und gemeinsamem Namen angenommen werden zu können, in den nicht der grössere Theil der Küste der cimbrischen Halbinsel mit eingeschlossen wäre. Einigermassen wird dies durch die Bemerkung des Plinius bestätigt, welcher 4, 14, 28 von dem Meere, dessen Beschreibung er unmittelbar vorher mit Raunonia und den Cimbern beginnt und mit den ostfriesischen Inseln beschliesst, sagt: An diesem ganzen Meere bis zur Schelde wohnen Völker in unentwirrbarer Ausdehnung, so masslos ist die Uneinigkeit der Berichterstatter[23]. Gerade also von der Ausdehnung dieser Küste, die man etwa von der Lübecker Gegend oder von der Gegend oberhalb der Belte in einem gewissen Bogen herum bis zur Schelde zu rechnen hat, gab es die abweichendsten Angaben, und unter diesen also auch solche, welche dieselbe ganz unverhältnissmässig hoch anschlugen. Natürlich, je nachdem man diese Küste in gerader Linie von der Elbmündung nach der Trave herumgehen liess oder ein gewisses *promontorium Cimbrorum* von verschiedener Ausdehnung statuirte oder die ganze Halbinsel in ihrer wirklichen Ausdehnung berechnete, mussten die Angaben eine unentwirrbare Verschiedenheit erhalten. Eben so wirft Strabo (1, 62 Cas.) dem Pytheas vor, alle die Gegenden jenseit des Rheines bis zu den Scythen erlogen zu haben, und lässt so erkennen, dass Pytheas gerade auf der Küstenstrecke vom Rhein bis an die Ostsee eine Menge von Gegenden aufführte, welche Strabo bei seiner Ansicht von der Gestalt der europäischen Nordküste, die keine cimbrische Halbinsel kannte, nicht unterzubringen wusste und demnach für erlogen hielt. Natürlich werden diese von Pytheas angeführten Gegenden die 6000 Stadien lange Wattenküste Mentonomon ausgemacht haben.

Dieser Küstenstrich wird nun bewohnt von der germanischen Völkerschaft der Guttonen. Wo die Guttonen zu suchen sind, darüber lässt Plinius (4, 14, 28) keinen Zweifel übrig, wenn er fünf grosse Geschlechter der Germanen annimmt und, von Osten nach Westen gehend, als erstes Geschlecht die Vindiler anführt, zu denen die Burgundionen, Variner, Cariner und Guttonen gehören, als zweites Geschlecht die Ingävonen, zu denen die Cimbern, Teutonen und Chaucen gehören [24]. Die Guttonen sind demnach die westlichsten Vindiler und noch westlicher als die Variner in der Gegend von Varin bei Wismar, und die nächsten Nachbarn der Cimbern und Teutonen, an welche letztere die Bewohner von Abalus auch ihren Bernstein absetzen. Also würden die Guttonen etwa in's östliche Holstein fallen, wo sie nicht unterzubringen sind, besonders, weil sie ja als ein auf langgestreckter Küste wohnendes Volk zu betrachten sind. Es bleibt daher nichts übrig, als sie statt in östlicher, in nördlicher Richtung hinter die Cimbern anzureihen. Dann liegen die Teutonen an der Nordseite Holsteins, die Cimbern in Schleswig und die Guttonen in Jütland. Dass Guttonen s. v. a. Gothen heisst, kann nicht bezweifelt werden. Eben so fest steht aber auch (s. Werlauff a. a. O. und Baggesen, d. dän. Staat I, S. 95.), dass Jüten ebenfalls s. v. a. Gothen, Gioten heisst, wie es auch völkergeschichtlich nicht bezweifelt werden kann (Baggesen I, S. 2), dass die Jüten von dem schwedischen Gothenlande aus über das Kattegat hinweg die Küsten der Nordhälfte der Halbinsel (der mittlere Rücken des Landes muss im Alterthume unbewohnte Haide gewesen sein) besetzt haben. Plinius giebt, indem er sie zu den Vindilern rechnet, ihnen nicht mit Unrecht einen andern (halbscythischen) nationalen Charakter als den rein germanischen der Ingävonen, aber seine Vorstellung von dem *promontorium Cimbrorum,* dessen Nordgrenze er etwa von der Schleimündung in nordwestlicher Richtung nach der Nordsee zu laufend denken mag, mag das so mit sich gebracht haben, dass er nördlich von den Cimbern und Teutonen keinen Platz für sie gefunden und sich demnach genöthigt gesehen hat, ihnen ihre Sitze mehr nach dem Osten zu anzuweisen, wo die slavische Bevölkerung Germaniens anhebt. Es versteht sich aber von selbst, dass, wenn Abalus eine Tagereise von der Guttonenküste abgelegen hat und die Bewohner der Insel ihren Bernstein an die ihnen zunächst wohnenden Teutonen (die, worüber nach Forbiger's Nachweisungen [Handb. d. alt. Geogr. 3, 388 f.] kein Wort mehr zu verlieren ist, die Küste von Eckernförde oder Kiel an ostwärts bis gegen Lübeck hin inne hatten) abgesetzt haben, die Insel und die Guttonenküste im Norden dieser Teutonen zu suchen ist. Somit werden wir an die Ostküste des eigentlichen Jütlands oberhalb des kleinen Beltes geführt, wo

dann auch gleich die kleinere Halbinsel in das Kattegat und gegen
das schwedische Gothenland hervortritt, deren Küste noch heutzutage
den bernsteinreichsten Strich der Ostseite der ganzen
cimbrischen Halbinsel ausmacht und vielleicht Anspruch darauf
hat, zunächst das Mentonomon des Pytheas zu sein. Rechnen
wir nun die ganze Wattenküste Mentonomon von dieser Grenze
des Kattegats und Beltes an um die cimbrische Halbinsel herum,
so führt uns die Angabe des Pytheas von ihrer in runder Zahl
6000 Stadien betragenden Länge an der Nordsee im Allgemeinen
bis an die Elbmündung, wodurch sich das ganze Aestuarium —
im Allgemeinen etwa die von Pytheas in die Geographie seiner
Zeit eingeführte neue nördliche Welt — zugleich vortrefflich abgrenzt.
— Es wäre nun auch gut, wenn sich zeigen liesse, welches
das *mare concretum* sei, als dessen Auswurf und Abschaum der
an Abalus angetriebene Bernstein bezeichnet wird. Gemeinhin
wird das Eismeer darunter verstanden. Allerdings liesse sich
nicht nur der Ausdruck so deuten, sondern auch der Sache
nach würde es aus der Vorstellung der Alten folgen, dass, wenn
es für sie keine skandinavische Halbinsel, sondern statt deren
nur kleinere und grössere Inseln der germanischen Nordküste
gegenüber gab, das Eismeer bis an die deutsche Küste selbst
reichte. Indessen scheint der Ausdruck doch nicht so gemeint
zu sein. Schon der griechische Ausdruck πεπηγυῖα θάλαττα
(Strab. 1, 62 Cas.) ist zu allgemein, um ohne Weiteres in der
Bedeutung gefroren genommen zu werden. Das Wort heisst
nur s. v. a. steifes (consistentes, compaktes), festes, dickflüssiges,
geronnenes Meer. Noch mehr würde der lateinische
Ausdruck *mare concretum* in der Bedeutung gefroren
gesucht erscheinen, da er ebenfalls nur s. v. a. verdichtet, geronnen
bedeutet. Auch der Ausdruck *mare congelatum* (Plin. 4,
13, 27) ist nicht entscheidend, um so weniger, als er nur Deutung
des scythischen Wortes Amalchium ist, und wäre dieses
scythische Wort ein nordgermanisches, so würde es an Melk
(dän. Mälk), d. i. Milch, und Molken erinnern. Am bezeichnendsten
ist aber, dass Tacitus (Germ. 45) von dem mehrsinnigen
Ausdrucke ganz abgeht und durch den Ausdruck *mare pigrum
ac prope immotum* zeigt, wie er sich dieses Meer gedacht hat,
auch Agric. 10 über die Beschaffenheit desselben sich ausdrückt:
sed mare pigrum et grave remigantibus perhibent ne ventis qui-

dem proinde attolli. Wenn der cimbrische Name Morimarusa (Plin. a. a. O.) s. v. a. *mortuum mare* bedeutete, so giebt es ja auch andere Meere, welche todtes Meer heissen und allemal nur solche sind, in welchen vergleichungsweise mit andern Meeren kein Leben ist, s. Not. 11 [b]. Man wird daher dieses Meer wohl besser als ein aus irgend einem Grunde weniger bewegtes, also stilles, vielleicht nur windstilles oder von Fluth und Ebbe nicht bewegtes Meer denken und es dahingestellt sein lassen, welche fabelhafte Vorstellungen sich an dasselbe geknüpft haben. Wenn Abalus an das Kattegat zu verlegen ist, in welchem die Schiffer auf geeignete Winde oft lange warten müssen und die Ebbe und Fluth an der ganzen südlichen und westlichen Küste kaum und häufig gar nicht zu bemerken ist, so würde das ganz wohl zusammenpassen.

Nachdem wir uns so durch die Angaben über die Lage der Bernsteininseln Austrania, Basilia und Abalus auf die cimbrische Halbinsel im Allgemeinen, und auf die Küste einerseits um die Eidermündung, andererseits oberhalb der Belte insbesondere, als das Bernsteinland der Alten hingewiesen gesehen haben, versuchen wir die genannten Punkte selbst zu bestimmen.

Von Austrania ist hierbei nicht weiter zu reden. Dem Namen nach zu urtheilen, ist es die Insel Osterland bei Borkum, sollte auch wie jetzt, so im Alterthume an dieser Insel und überhaupt in ihrer ganzen Nachbarschaft Bernstein auch nur in sehr geringer Menge gefunden worden sein.

Desto grössere Schwierigkeit macht es, die Nachrichten über Basilia in Einklang zu bringen. Schon in dem Bisherigen haben wir die ungenannte Bernsteininsel des Timäus mit dem Basilia des Diodor identificirt und unter dem Namen Basilia behandelt, als ob Timäus selbst sie Basilia genannt hätte. Nach Plinius ist dem aber nicht so, sondern diejenige Insel, welche Timäus wirklich Basilia genannt hat, soll das Pytheas'sche Abalus sein. Aber die überraschende Uebereinstimmung in Bezug auf die Lage der angeblich von Timäus dem Namen nach unbestimmt gelassenen Bernsteininsel mit dem Diodor'schen Basilia in der Gegend der Eidermündung, sowie andererseits der Umstand, dass uns Pytheas mit seinem Abalus an die jütische Ostküste verweist, gilt uns mehr als die Angabe des Plinius, von dem es gar nicht scheint, dass er den Pytheas und Timäus im

Originale vor sich gehabt habe. Plinius selbst verräth seinen Irrthum einigermassen, wenn er sagt, Timäus habe in Bezug auf Abalus dem Pytheas geglaubt, doch die Insel nicht Abalus, sondern Basilia genannt. Das nämlich lässt sich kaum denken, dass er dem Pytheas in seinen Angaben über Abalus geglaubt habe, und daneben geglaubt habe, sie gälten nicht von Abalus, sondern von Basilia. Viel einfacher ist die Annahme, dass der Bericht des Timäus über Basilia mit dem des Pytheas über Abalus so übereinstimmte, dass Plinius glaubte, sie sprächen bei verschiedenem Namen von einer und derselben Insel. Wenn nun vielleicht gar Plinius in der Stelle, in welcher Timäus von der Reihe von Inseln, von welchen eine *(unam)* Bernstein liefere, sprach, ohne bei dieser Gelegenheit ihren Namen anzuführen, durch den Ausdruck zu der Annahme verleitet wurde, dass Timäus überhaupt nur eine einzige Bernsteininsel statuire, auch umgekehrt Pytheas in den dem Plinius vorliegenden Stellen nur von einer Bernsteininsel Abalus sprach, über Basilia sich aber so auszudrücken schien, als wäre sie eine Insel von ungemessener Grösse *(immensae magnitudinis)*, so musste es ja für ihn nöthig werden, das Basilia des Timäus mit dem Abalus des Pytheas zu identificiren, das Basilia des Pytheas dagegen für eine ganz andere Insel zu halten und, mit Recht oder mit Unrecht, mit einer von Xenophon Lampsacenus Baltia genannten Insel, welche ebenfalls eine solche ungemessene Grösse haben sollte, zu identificiren.

Diese beiden Umstände, welche den Plinius zu diesen Annahmen verleiteten, haben wir aber als wirklich vorhanden anzunehmen. Plinius hatte weder den Timäus noch den Pytheas vollständig, sondern beide nur in gelegentlichen Citaten, den letztern sogar schon entstellt vor sich. Was Timäus betrifft, so meinte er da, wo er, ohne Namen anzugeben, von den Inseln sprach, unter denen es auch eine gebe, welche Bernstein liefere, unter letzterer wirklich Basilia. Dies blickt schon daraus hervor, dass Plinius von dieser an diesem Orte nicht namhaft gemachten Bernsteininsel aus unwillkührlich auf das Basilia des Pytheas geführt worden ist, in einer Weise, die es gar nicht schwer macht, einen Uebergang zu finden, wie: Aber nicht diese Bernsteininsel, sondern das Baltia des Xenophon ist es, welche Pytheas Basilia nennt. Sonst stimmt auch das,

was Pytheas von Abalus berichtet, mit dem, was Timäus von
der ungenannten Insel berichtet, so überein, dass man einsieht,
dass, wenn ein anderer Bericht des Timäus, bei dem der
Name Basilia's wirklich angegeben war, übereinstimmend lautete, Anlass genug für Plinius vorhanden war, beide für identisch zu halten. Beide liegen an einer das eine Mal als sehr
lang, das andere Mal wenigstens durch den weitschichtigen Namen Scythia sehr unbestimmt bezeichneten Küste, beide sind
eine Tagefahrt vom Ufer entfernt, an beide führen die Fluthen,
und zwar im Frühling, den Bernstein an's Ufer. Die Einwohner
von Abalus verkaufen den Bernstein an die nächsten Teutonen,
die von Basilia des Diodor führen ihn auf den gegenüberliegenden Continent. Möglicher Weise mischte sich selbst der Name
der Teutonen irgendwie in die Nachrichten von Basilia. Denn
die Teutonen dürfen nicht nur an der nördlichen Ostseeküste
Holsteins, sondern müssen auch von da aus westlich die ganze
Eider hinab und vermuthlich bis an die Elbmündung ihre Sitze
angewiesen bekommen. Denn wie im Osten der ältere Name
des Dorfes Helmsdorf bei Lütjenburg, Dit-Helmsdorf, der
Name des Dorfes Teutendorf bei Travemünde, vielleicht auch
Todtendorf nördlich von Lütjenburg an der Ostsee, so ist gewiss auch der Name der Ditmarsen (alte Orthographie Thietmaresca) noch der lebendige Träger des Namens der alten
Teutonen. Auch haben die Ditmarsen mit der der Insel Fehmarn zugewandten Nordostecke Holsteins Alterthümer (ganze
Gruppen von Hünenbetten) und Manches in ihrem Habitus gemein, sowie die Fehmaraner die Ueberlieferung haben, Abkömmlinge der Ditmarsen zu sein.

Was aber Pytheas betrifft, so möchte es sich beinahe mit
Händen greifen lassen, wie er sich in Betreff Basilia's ausgedrückt haben möge, um die Meinung zu veranlassen, er verstehe unter ihr eine Insel von ungemessener Grösse. Pytheas
drückte sich über Basilia in doppelter Weise aus:

Einmal ganz so wie Timäus, von dem es gar nicht bezweifelt werden kann, dass er lediglich aus Pytheas geschöpft
hat. Also hat er sie als eine Bernsteininsel bezeichnet von
einer Grösse, die man eben so wenig für ausserordentlich zu
halten hat, wie die des wahren Basilia des Timäus und des
Diodor oder auch seiner Insel Abalus, die ja nur um ihrer Aehn-

lichkeit mit dem Timäus'schen Basilia willen den Plinius verleitet haben kann, diese letztere in Abalus wiederzuerkennen. In denjenigen Stellen des Pytheas, welche Plinius vor sich hatte, kam dieser Gebrauch des Namens entweder nicht vor, oder wurde von Plinius nicht gehörig beachtet. Zweitens aber drückte er sich über Basilia so aus, dass es entweder dem Plinius so erschien oder dem Schriftsteller, aus dem er schöpfte, schon so erschienen war, als spreche er von einer ungemessen grossen Insel. Wie mag er sich da nun ausgedrückt haben? Das lässt sich beurtheilen nach Analogie anderer bei Pytheas vorkommender Ausdrucksweisen.

Dem genau berichtenden Strabo gemäss scheint Pytheas die sehr richtige Weise beobachtet zu haben, weitere und grössere Landschaften, für die er einen generellen Namen nicht voraussetzen mochte oder deren Namen er nicht richtig erfahren zu können befürchtete, um keine falschen Namen in die Geographie einzuführen, nur nach ihrem Verhältnisse zu einem bestimmten und nicht zu verkennenden geographischen Einzelgegenstande in sonst ganz unbestimmter Weise zu bezeichnen. Hierher scheinen schon die Ausdrücke τὰ πέραν τοῦ 'Ρήνου und τὰ μέχρι Σκύθων (Strab. 1, 62 Cas.) zu gehören, worunter das Land östlich vom Rhein bis zu denjenigen Scythen, die mit dem Scythien, welches Raunonia hiess, begannen, zu verstehen ist. Ein Anderer hätte irgend einen halbverstandenen Ausdruck, wie Chauci, Frisii, Suevi, Aestyes, in willkührlich erweiterter Bedeutung gebraucht. Ebendaselbst kommt vor der Ausdruck τὰ περὶ τοὺς 'Ωστιαίους, womit er unstreitig die ganze Nordwestecke Galliens verstanden wissen will. Vorzugsweise aber wichtig ist der häufig bei Strabo vorkommende Ausdruck τὰ περὶ Θούλην, ebenfalls ein Ausdruck für einen grössern Bezirk, für den ihm kein als entsprechend gesicherter Name zu Gebote stehen mochte. Vermuthlich unterschied nun Pytheas dieser seiner Weise gemäss auch zwischen Βασίλεια und τὰ περὶ Βασίλειαν, und verstand unter dem erstern nur die in sichere Grenzen eingeschlossene Insel selbst, deren Name keinen Irrthum hervorbringen konnte, unter dem letztern ein sich an diese Insel anschliessendes Land von unbestimmter (ungemessener, unbestimmbarer) Grösse, für welches er keinen als richtig verbürgten Namen hatte, und unbeschadet der Namen, welche einzelne Theile desselben haben mochten.

Nun haben wir nur, um Alles, was von Basilia gesagt wird, in seltner Uebereinstimmung zu finden, anzunehmen, dass Plinius oder der Schriftsteller, nach welchem er citirte, diesen Unterschied zwischen Βασίλεια und τὰ περὶ Βασίλειαν in der bezüglichen Stelle des Pytheas vernachlässigt und das, was dieser von dem Lande um Basilia sagte, auf Basilia selbst bezogen habe. Auch diese Annahme aber ist sehr leicht, weil Pytheas nicht nur im Allgemeinen fast regelmässig missverstanden zu sein scheint, sondern insbesondere gerade in dieser seiner Ausdrucksweise auf diese hier angenommene Weise und gerade auch von Plinius missverstanden worden ist. So schon in Bezug auf die Ostiäer ist es dem Stephanus Byzantinus (s. v. Ὠστίωνες) erschienen, als ob Pytheas unter den Ostiäern die Ostionen und Kossiner verstehe. Da nun, wenn nicht schon die Ostionen, so doch gewiss die Kossiner ein anderes Volk als die Ostiäer, aber denselben benachbart sind, so würde sich die Identificirung beider bei Stephanus sehr leicht erklären, wenn man annähme, Pytheas habe, als er von den τὰ περὶ τοὺς Ὠστιαίους sprach, etwas gesagt, was in specie von den (Ostionen und) Kossinern galt, in so fern sie zu den Umgebungen der Ostiäer gehörten, es sei aber später der Unterschied zwischen Ὠστιαῖοι und τὰ περὶ Ὠστιαίους verwischt, und man liess den Pytheas von den Ostiäern selbst sagen, was er nur von ihren Umgebungen gesagt hatte, und natürlich schien er nun unter den Ostiäern die Kossiner verstanden zu haben. Auf's Deutlichste zeigt sich aber diese Vernachlässigung an dem Ausdrucke τὰ περὶ Θούλην. In dem unbestimmt grossen Lande um Thule, nicht in Thule selbst, hat Pytheas nach dem übereinstimmenden Zeugnisse des Strabo (2, 114 Cas.) und Kleomedes (κυκλ. θεωρ. 1, 47 ed. Bake) berichtet, dass es sechsmonatliche Nächte und eben so lange Tage gebe, und namentlich zeigen Strabo's Worte sehr deutlich, dass Pytheas Thule selbst und die Gegenden, in denen der arktische Kreis mit dem sommerlichen Wendekreise zusammenfalle und somit die ununterbrochenen Tage und Nächte eintreten, sehr bestimmt unterschieden habe. Plinius dagegen (2, 75, 77) — und darauf kommt es eben an, dass es gerade Plinius ist — lässt den Pytheas sagen, dies geschehe auf der Insel Thule selbst. Da nun Thule in Folge dieser Verwechselung zu einer Insel von ungemessener Grösse geworden ist, so erklärt es sich auch durch Annahme derselben Verwechselung, dass Basilia dasselbe Schicksal gehabt hat. Dass die cimbrische Halbinsel, an welche nur gedacht werden kann, keine Insel ist, wird Niemand einwenden. Uebrigens ist sie einer Insel so ähnlich als nur möglich, wenigstens von der Seeseite her, denn die Elbmündung ist tief in's Land hinein wegen ihrer Breite und weil sie der Ebbe und Fluth ausgesetzt ist, einem Meeresarme ähnlicher als einem Strome, und da man bei ihrer Mündung schon wieder von Meer jenseit der schmalen und busenreichen Halbinsel erfahren musste, zwischen welchem und der Elbe wohl auch Verkehr stattfand, so mochte die Halbinsel leicht und häufig als eine volle Insel gelten.

Ob nun Plinius darin Recht hat, dass das (Land um) Basilia des Pytheas mit der von Xenophon Lampsacenus erwähnten Insel Baltia identisch, d. h. ob dieses Baltia ebenfalls die cimbrische Halbinsel sei, ist eine Frage für sich. Wenn das Scythenufer, von dem sie drei Tagefahrten abliegen soll, schon selbst die cimbrische Küste ist, so würde Baltia eher die skandinavische Halbinsel sein, und Plinius hätte Unrecht, denn, wie wir später sehen werden, heisst die skandinavische Halbinsel bei Pytheas das Land um Thule. Indessen spricht Einiges doch dafür, die cimbrische Halbinsel in ihr anzuerkennen. Der Name der Insel, Baltia, erinnert nämlich zu sehr an den Belt (dänisch Bält), als dass man sie nicht mit den Belten in Zusammenhange denken sollte. Wie nun nur die zwischen Jütland und Seeland hindurchgehenden Meerengen, nicht auch der zwischen Seeland und Schweden hindurchgehende Sund, den Namen Belte führen und an dieser Seite auch kleinere Theile dieser Meeresgegend (z. B. Samsö-Belt) so genannt werden, so scheint auch der Name Belt nur im Dänischen originell zu sein. Vielleicht dass das ganze Bild des Gürtels (denn Bält heisst Gürtel) für ein sich in Krümmungen um ein Land schlingendes Meer rein dänisch ist, indem ich den Ausdruck Kat (wovon Kattegat) in der Bedeutung Gürtel ebenfalls nur im Dänischen, nicht im Schwedischen, verzeichnet finde. Vielleicht dass man unter dem Bilde des Gürtels vor Zeiten auch von dem westlichen Inselgeflechte sprach, von dem die nordfriesischen Inseln die schwachen Ueberbleibsel sind. Für das Scythenufer, von dem aus die Insel drei Tagefahrten abliegen soll, einen Punkt zu finden, kann keine

Schwierigkeit haben. Ja selbst die Küste desjenigen Scythiens, welches Raunonia hiess, also die Küste um die Eidermündung, liesse sich zu diesem Punkte gebrauchen, wenn man nicht gerade an Seefahrt, sondern an die Reise durch Treene und Schlei denkt, welche genau in der angegebenen Zeit in den Belt führen möchte.

Der Ausdruck τὰ περὶ Βασίλειαν für die cimbrische Halbinsel, und natürlich zunächst für ihren südlichen Theil, würde aber das Basilia des Pytheas ebenfalls recht bestimmt an die Eidermündung verweisen. Denn nur darum konnte Pytheas die Halbinsel nach der an ihrer Küste liegenden Bernsteininsel bezeichnen, weil er auf ihr seine erste Bekanntschaft mit der Halbinsel machte, auch voraussetzte, dass diese Insel denen, für die er schrieb, bekannter wäre oder leichter bekannt werden könnte, als die Halbinsel selbst. Dies Alles war aber der Fall, wenn die Insel an der Einfahrt in die Eider lag, indem einmal alle Umstände darauf hinweisen, dass man bei der Reise nach dem Bernsteinlande bei der Eidermündung anfuhr. — Jetzt lässt sich die Bestimmung der beiden Bernsteininseln Basilia und Abalus selbst unternehmen.

Müssten wir auch eigentlich mehr darauf gefasst sein, Basilia als eine der von der See begrabenen Inseln des ehemaligen Inselditmarsens anzusehen, so scheint doch mit ihr die Natur dieselbe Ausnahme gemacht zu haben, wie sie sie nachweisbar mit der andern, ehedem ebenfalls vor der Eider gelegenen und folglich als unmittelbare Nachbarin Basilia's zu betrachtenden Insel Busen (Büsum) und, wie es scheint, eben so nachweislich mit der ehedem durch einen nördlichern Eiderarm gebildeten Insel (jetzigen Halbinsel) Eiderstedt gemacht hat, nämlich sie durch die Trümmer der weggerissenen Inseln mit dem Festlande zu verbinden. An der linken Seite der Eidermündung, folglich der Hitzbank schräg gegenüber, liegt nämlich ein stattlicher Flecken von altem Wohlstande, Namens Wesslingburen oder, wie gewöhnlich gesprochen wird, Wesselburen. Nachweisbar ist sein Dasein im dreizehnten christlichen Jahrhundert, vielleicht noch früher, und in damaliger Zeit hat er, wie die Karten bei Dankwerth ausweisen, nur durch einen schmalen Rücken, vielleicht gar nur während der Ebbe, mit dem Festlande zusammengehangen. Es lässt sich aber annehmen, dass diese, noch zu dieser Zeit vielleicht eben so gut Insel als Halb-

insel zu nennende, Stelle mindestens schon so lange bewohnt
gewesen sei, als die Eider dem Handelsverkehre gedient hat,
ja noch weit früher, weil der Boden dort aus bestem Marsch-
lande besteht. Ist dies nun der Fall, so muss nach Massgabe
des von Büsum vollständig Nachweisbaren geurtheilt werden,
dass es im Alterthume vollständige Insel gewesen sei. Denn
Büsum, welches im dreizehnten Jahrhundert vollständig Insel
ist, ist im siebzehnten Jahrhundert (s. Neocorus 1, 212 ff.) eine
schon durch einen breiten Rücken mit dem Festlande zusammenhängende Halbinsel, und es ist Naturnothwendigkeit, dass der
Naturprocess, welcher an dieser Küste gewirkt hat, das mehr
eiderwärts gelegene Wesselburen früher ergriffen hat, als das
mehr seewärts gelegene Büsum. Indem es so unmittelbar an
der Einfahrt in die Eider lag, dass die von Süden her kommenden Schiffer es berühren mussten, und der es vom Festlande trennende Meeres- oder Eiderarm wahrscheinlich einen
für Küstenfahrer brauchbaren Hafen abgab, vereinigt sich bei
ihm Alles, was nur erforderlich erscheinen kann, um es mit
dem alten Basilia zu identificiren.

Den Namen Wesselburen betreffend, so ist er eine offen-
bare Zusammensetzung aus Wessel oder Wessling und buren,
wie der des ditmarsischen Küstendorfes Tallingburen aus
Talling und buren, und wie der Ausdruck Wesseln oder
Wessling ohne buren als Name eines andern ditmarsischen
Dorfes vorkommt. Die zweite Hälfte des Namens kann sich
nur auf den bewohnten Ort, nicht auf die Insel selbst beziehen, denn es ist der Plural des plattdeutschen buur, welches einen Bauer, Landmann, aber auch, wie das englische
bower und im hochdeutschen (Vogel-) Bauer, ein kleines,
vielleicht vorzugsweise hölzernes, Bauwerk, eine Baude, Bude
bezeichnet und noch jetzt im Worte Ausbauer im Holsteinischen sehr gebräuchlich ist für hölzerne erkerartig überhän-
gende Ausbauten an der Aussenseite der Häuser, zu denen
dann vom Hause aus Gänge führen. Wesseln oder in der
plattdeutsch-englischen Form Wessling (vergl. Hollingstedt,
Hemmingstedt, Tallingburen und And.) heisst Wechseln,
Wechslung, und Wessel, d. h. Wechsel, wird besonders
auch bei Neocorus vom Tauschhandel, Waarenumsatz,
mit Einem Worte vom Handel[25] gebraucht. Von dieser letz-

tern speciellen Bedeutung geht nun unstreitig der Ortsname aus und bedeutet also **Wechselbuden, Kauf- und Verkaufstände und Läden,** *(tabernae, boutiques),* wie sie auf Messen und Jahrmärkten zu sehen sind, ganz so, wie in dem Namen des ditmarsischen Dorfes **Wesseln** oder **Wessling** bei Heide, welches nach alten Karten bei Dankwerth vor Jahrhunderten dicht an dem innersten Winkel eines unterhalb der Insel Büsum tief in das Land einschneidenden Meerbusens und folglich ebenfalls an einer Stelle lag, wo man einen Hafen und Verkehr zu vermuthen Grund hat. Dies zeigt die Analogie des Namens des schon angeführten Küstendorfes Tallingburen, denn **Talling** kommt her von **tellen,** d. h. **zählen, rechnen, zahlen** *(compter),* und heisst also **Zählung, Zahlung,** vgl. **Tallbred,** d. h. **Zahlbret, Zählbret.** Wie also **Tallingburen** s. v. a. *comptoirs* ist, so entspricht **Wesselburen** dem bairischen Ortsnamen **Kaufbeuern.** Also darf man in dem Orte einen Platz vermuthen, an welchem im Alterthume während der zur Schifffahrt tauglichen Zeit, insbesondere im Frühjahr nach Ende der während der Aequinoctialstürme gehaltenen Bernsteinlese, sich Händler versammelten, um in aufgerichteten Kaufbuden die Produkte des Nordens mit denen des Südens auszutauschen und so zu sagen Messe zu halten. **Wesselburen** würde sich nun als Name lediglich für die Wechselbuden selbst schicken, die Insel selbst dagegen würde schicklich **Wechselinsel** geheissen haben, was in den in diesen Gegenden gangbaren Idiomen Namen wie **Wesselooge, Wesselöe, Wesselei** (nämlich von **Ei, Eiland**) geben würde.[25b] Auch ohne den starken Anklang an das bekannte griechische Stammwort, welches namentlich die beiden letztern Formen bei dem Griechen unwillkührlich vergegenwärtigen mussten, würden diese Namen (vgl. *Βίσουργις* st. **Visurgis** bei Strabo) im griechischen Munde sich in *Βασίλεια* umgewandelt haben, wie dies im mittelalterlichen Latein geschehen ist, wo (s. Neocorus 1, 237) der Name Wesselburens ist **Basilibora** und **Basilipyrgus.**

Von der Bernsteininsel Abalus ist weniger zu sagen. Wir mussten es vorziehen, sie an die Ostküste Jütlands und hier zwar an denjenigen Theil derselben zu verlegen, welcher sich noch jetzt als der bernsteinreichste ausweist. Betrachten wir nun diesen gleich oberhalb der Belte und der dänischen Inseln am weitesten gegen das schwedische Gothenland hervortretenden Küstenstrich, so giebt es an demselben gar keine Insel, und wir sind in den Fall gesetzt, es mit dem Namen Insel einmal weniger genau zu nehmen und nur an einen wesentlichen Theils von Wasser umgebenen Punkt zu denken, wie es der Gebrauch des griechischen Wortes erlaubt (vgl. Πελοπόννησος). Sowie wir dies thun, finden wir aber auch den besten Anklang an den Namen Abalus an der allergeeignetsten Stelle. Auch hier nämlich ist es, weil der Bernstein im Süden seine Abnehmer fand, natürlich, dass der auf dem ganzen betreffenden Striche gefundene Bernstein sich am südlichsten Punkte desselben ansammelte, um von hier aus in Masse dem Süden zugeführt zu werden. Auf der südlichen Spitze dieser Küste liegt aber die Stadt Ebeltoft. Auch ihr Name ist zusammengesetzter Natur, denn toft heisst im Dänischen eine Grund- oder Baustelle, Grundplatz. Drei Buchten trennen die Landzunge, auf der es liegt, so von dem eigentlichen Körper Jütlands im Westen, dass es sich dem Auge eines Reisenden von Süden herauf und von Westen herüber gewiss mehr als volle Insel als als Halbinsel darstellt, und auch nach dem Gebrauche des skandinavischen Wortes Oee, welches in vielen Namen von Oertern vorkommt, die keine Inseln sind, recht wohl Ebelöe heissen könnte. Die erste Hälfte des Wortes ist vielleicht aus Aeble entstanden, was im Dänischen Apfel heisst. Baumfrüchte, wenn auch keine edeln, hatte man nach Pytheas (s. Strab. 4, 201 Cas.) in der Nähe der gefrorenen Zone, und südlich von Ebeltoft unmittelbar an der Nordküste Fühnens vor dem Eingange in den kleinen Belt liegt sogar eine kleine Insel Namens Aebelöe (Apfelinsel). Auch das passt vorzüglich, dass Abalus eine Tagefahrt von dem Küstenstriche Mentonomon abliegen soll, wenn man nämlich von der Küste um das heutige Aarhuus, an die allein gedacht werden kann, aus rechnet. Aber noch ein anderer wesentlicher Umstand kommt zur Sprache. Bernsteinhandel bestand gewiss, wie in Basilia, so in Abalus nur in Verbindung mit andern Handelszweigen. In diesem allgemeinern Betracht aber ist Ebeltoft bei seiner buchtenreichen Umgebung ganz dazu gemacht, als der Knotenpunkt des Verkehrs angesehen zu werden, der sich zwischen dem cimbrischen und skandinavischen Gothenlande, sowie zwischen den Kattegat-

küsten und dem Fusse der cimbrischen Halbinsel durch die
Belte bewegte, wie es nebst dem noch mehr hervortretenden
Aarhuus noch in jetziger Zeit für diese Art des Seeverkehrs
aus dem Kattegat durch den Eiderkanal nach der Nordsee von
Belang ist.[26] Gewiss also Grund genug, das Abalus des Pytheas
in ihm anzuerkennen.

Anmerkungen.

[1] Am geeignetsten vergegenwärtigt man sich diese Bedingungen durch
die Betrachtung von Seekarten und der für die Schiffer auf den verschiedenen Meeren bestimmten Schriften, die aber immer im einzelnen Falle
den Lootsen nicht unentbehrlich machen.

[2] Hierüber Outzen, Untersuchungen über die denkwürdigsten Alterthümer Schleswigs (Altona 1816), bes. S. 52. 80.

[3] Mit diesem Seeverkehre hängt auch die durch denselben vermittelte
Kenntniss des europäischen Nordens im Alterthume zusammen. Gerade mit
dem Fusse der cimbrischen Halbinsel schneidet die verbürgtere Kenntniss der
Nordküste Europa's ab, kein Glaube an den oder wenigstens keine rechte
Vorstellung von dem hier anfangenden höhern Norden, bis in welchen diese
Halbinsel hinaufreicht, dagegen Fortschreiten ungewisser geographischer
Kenntniss über den durch Eider und Schlei fast durchschnittenen Fuss der Halbinsel hinweg nach den beiden durch das nordöstliche Holstein und Fehmarn
getrennten grossen Meerbusen mehr nordöstlich über die dänischen Inseln
hinaus nach der schwedischen Küste, als östlich über Rügen hinaus.

[4] Ganz analog ist es, wenn Dionysius Periegeta das Elektron, welches
aus dem Norden, und in diesem Falle eher von der preussischen Küste aus,
nach dem schwarzen Meere kam, sich in der Gegend des Eismeeres (geronnenen Meeres) zwischen den von den rhipäischen Bergen kommenden
Flüssen Aldeskos und Pantikapes erzeugen lässt.

[5] Nach Werlauff wird auch wirklich an mehrern Stellen der jütischen
Küste angegeben, dass sich der Bernstein schon seit Menschengedenken
vermindert habe.

[6] Dieses ist für unsere oben gemachte Bemerkung wichtig. Indem die
jütischen Bernsteinhändler ihren Bernstein, weil sein Hauptvertrieb nach
Konstantinopel ist, zunächst nach Königsberg absetzen, geht der jütische
Bernstein mit unter dem Namen des preussischen, und darüber ist es in
Deutschland selbst so gut als unbekannt geworden, dass Jütland überhaupt
Bernstein hat. Dadurch ist Preussen zum alleinigen Bernsteinlande geworden, obgleich es in Bezug auf den von dort aus nur weiter vertriebenen
jütischen Bernstein nur Bezugsland ist. Bei dem Vertriebe des Bernsteins
im Alterthume umgekehrt über die Nordsee nach Südwesten ist es eben so
natürlich, wenn umgekehrt die cimbrische Halbinsel für das alleinige Bernsteinland galt, wenn sie auch für ostpreussischen Bernstein, welcher sich

auf diesen Handelsweg land, nur Bezugsland war. Noch im vorigen Jahrhundert ist nach Werlauff der jütische Bernstein (wie im Alterthume) nach Holland gegangen, und damals wird man denn auch in Holland Jütland als Bernsteinland anerkannt und vorkommenden Falls auch preussischen Bernstein für jütischen mit in den Kauf genommen haben.

⁷ Nachdem die Römer sich an der Donau und in Pannonien festgesetzt hatten, liegt es nahe, anzunehmen, dass sie auch auf dem Oder- oder Weichselwege Bernstein direkt von der preussischen Küste dahin zugeführt bekamen. Indessen bleibt es immer ein Beweis dafür, wie Plinius nur ein einziges Bernsteinland, und zwar das, zu dem die ostfriesischen Inseln gehörten, anerkannte, wenn er 37, 2, 11 von einem römischen Ritter aus Carnuntum in Ungarn, der in die Bernsteinregion gereist sein soll und bei dem man wegen der Lage von Carnuntum annehmen möchte, dies werde die preussische Küste gewesen sein, vielleicht mit Unrecht annimmt, es sei das Bernsteinland an dem *litus Germaniae percognitum nuper* und in der Gegend der vorhererwähnten Inseln Glesaria und Austrania gewesen. Nur etwa die Scythen, bei welchen nach Xenokrates, wie Plinius a. a. O. sagt, ebenfalls Bernstein vorkam und *sacrium* genannt wurde, könnten etwa, wenn es sein müsste, die Bewohner der preussischen Küste sein. Die Bernsteininsel Osericta des Mithridates wird man natürlich von selbst an diejenigen *litora Germaniae* legen, an welchen es wirklich Inseln giebt, und am liebsten nicht weit von Britannien, weil der Bernstein auf dieser Insel ebenso aus Felsen herausfliessen soll, wie er nach Sotacus (ebend.) in Britannien aus Felsen herausfliessen soll. Wenn Nicias den Bernstein im Westen im Ocean entstehen und von da in den Sommern an die Ufer der Germanen geworfen werden lässt, so ist damit gewiss ein dem Westen in der Richtung von Süden nach Norden gegenüberstehendes Germanenufer gemeint, kein lokales Verhältniss wie in Ostpreussen.

⁸ *Certum est, gigni (succinum) in insulis septentrionalis Oceani et a Germanis appellari glessum; itaque et a nostris unam insularum ob id Glessariam appellatam, Germanico Caesare ibi classibus rem gerente, Austraviam a barbaris dictam.*

⁹ *Promontorium Cimbrorum excurrens in maria longe peninsulam efficit, quae Cartris appellatur. Tres et viginti inde insulae Romanorum armis cognitae. Earum nobilissimae Burchana, Fabaria nostris dicta a frugis similitudine sponte provenientis; item Glessaria, a succino militiae appellata, a barbaris Austrania, praeterque Actania.*

¹⁰ *... infra (Britanniam) vero Siambis et Axantos, et ab adverso in Germanicum mare sparsae Glessariae, quas Electridas Graeci recentiores appellavere, quod ibi electrum nasceretur.*

¹¹ Ich möchte es der Prüfung empfehlen, ob Tacitus nicht vielleicht skandinavische Völkerschaften mit unter die Bewohner der deutschen Ostseeküste einmischt. Ohne allen Zweifel musste im Alterthume ein engerer Verkehr zwischen der der Eidermündung entgegengesetzten Ostküste der Halbinsel mit den immer nur durch schmale Meeresarme getrennten dänischen Inseln und dem südwestlichen Schweden stattfinden als mit der deutschen Ostseeküste jenseit Rügens, ja es würde mir eine viel leichtere An-

nahme zu sein scheinen, dass sich auf dem erstern Wege Verkehr und Völkerbekanntschaft durch das skandinavische Gothenland, namentlich durch Begünstigung der schwedischen Seen, bis an den Scheidepunkt des bothnischen und finnischen Meerbusens fortgesetzt hätte, als dass etwas Aehnliches an der Südküste der Ostsee hin stattgefunden hätte. Wenn nun Tacitus neben bestimmten Nachrichten von dänisch-schwedischen Völkerschaften einmal keine Länder von entsprechender Grösse jenseit des Meeres, sondern nur etwa einzelne hinter einander liegende Inseln längs der diesseitigen und für ihn einzigen Küste annahm, so musste er wohl die jenseitigen Völker an das diesseitige Ufer, und hier, da die westlichen Gegenden von bekannten Völkern besetzt waren, in den fernern Osten verlegen.

11b Im Plattdeutschen sagt man mursdodt. Richey Idiot. Hamb. u. d. W.: „mursdodt, mausetodt. Vielleicht vom lat. *mors*. Aber murs entwey, murs afbreken, möchte ich schier mit dem-Worte morsch verwandt machen, weil nichts so leicht zerbricht als was morsch oder mürbe ist." Angemessener urtheilt Schütz (Holstein. Idiot. u. d. W.), dass der Ausdruck auch in dem Worte mursdod nur s. v. a. morsch sei. Der hochdeutsche Ausdruck mausetodt beruht wahrscheinlich nur auf einem Missverständniss. Im Osnabrüggischen sagt man murzdoodt, s. Strodtmann Idiot. Osnabrug. S. 368. Im Dänischen entspricht mör, mörsk. Sonst könnte der angebliche cimbrische Name auch einfach mit Moor, Marsch, Morast (schwed. Moras, adjekt. morasig, dän. Morads, moradset) zusammenhängen.

12 Caes. B. G. 4, 1: *(Suevi) neque multum frumento, sed maximam partem lacte atque pecore vivunt multumque sunt in venationibus.*

13 ibid. c. 3: *Publice maximam putant esse laudem, quam latissime a suis finibus vacare agros.*

13b Aus einer kleinen Schilderung dieser Watten von Hansen in Biernatzki Scenen und Geschichten aus Schleswig-Holstein 3, 40 ff. entnehme ich Folgendes: „Jedoch sind die Watten und Sandbänke keinesweges so gänzlich öde und todt, wie Mancher sie sich wohl denken mag. Leben bringend und erhaltend durchkreuzen die Wattströme das grosse Wattenfeld. Ueberdies haben die Watten ihre unterseeischen Gras- und Tangwiesen, ihre unterirdischen Wälder (mindestens Baumstämme und Baumwurzeln), sowie ihre Torfmoore und Tuulbänke, ihre Austern- und Muschelbänke, Seehunde und Seevögel, Fische und andere Schätze, als Bernstein und allerlei Treib- und Strandgüter; haben ferner ihre Wattenschiffer und Schlickläufer, ihre Fischer und Robbenschläger, ihre Strand- und Sandvögte, aber auch ihre Strand- und Sanddiebe. Die Zahl der zur Watten-Schifffahrt und Fischerei verwendeten Fahrzeuge beläuft sich auf mehrere Hundert in unserm Vaterlande, von denen 23 zum Austernfang benutzt werden. Der Austernfang wird hauptsächlich von Sylt und Amrum aus auf reichlich vierzig Austerbänken, die mehrentheils an den Seiten der Wattströme liegen, betrieben. Bei den Halligen und in der Nähe von Husum fängt man vorzugsweise Porren oder Seekrabben. An Fischen liefern die Watten Schollen, Butten, Aale und Sandspieren. Auf der-Hitzbank westlich von Eiderstedt findet man häufig Bernstein. Von den Sandbänken westlich von Pellworm holt man Muscheln, die in Husum zu Kalk gebrannt werden. Ehemalige, aber jetzt vernachlässigte, Erwerbszweige der Friesen waren: der Robbenfang bei Sylt, der Gänsefang und die Bereitung des friesischen Salzes aus Haff- oder Seetorf. Die Watten haben sogar als Schauplatz für Schlachten dienen müssen, z. B. am 21. Sept. 1652, als sich Sylter und Dänen um die grosse Austernbank Höntje bei List stritten; ferner im Frühjahr 1713, als sich dänische und schwedische Schiffe bei der Insel Hooge trafen und die Parteien sich während der Ebbe zu Fuss bekämpften." — Dieses sind *vada*, von denen sich noch „neben dem Ufer selbst" sprechen lässt.

14 *Habitus (Britannorum) corporum varii: atque ex eo argumenta, namque rutilae Caledoniam habitantium comae, magni artus, Germanicam originem asseverant.*

15 *Exeundum deinde est, ut extera Europae dicantur, transgressisque Riphaeos montes litus Oceani septentrionalis in laeva, donec perveniatur Gades, legendum. Insulae complures sine nominibus eo situ traduntur. Ex quibus ante Scythiam, quae appellatur Raunonia, unam abesse diei cursu, in quam veris tempore fluctibus electrum eiiciatur, Timaeus prodidit. Reliqua litora incerta signata fama. Xenophon Lampsacenus a litore Scytharum tridui navigatione insulam esse immensae magnitudinis Baltiam tradit. Eandem Pytheas Basiliam nominat.*

16 Ohne eine solche Auffassung kommt man bei Ptolemäus, bei dem begreiflicher Weise die Consequenzen der Voraussetzungen am schärfsten hervortreten, gar nicht fort. Auch Mela 1, 3 gelangt von Britannien aus an die asiatische Grenze (nördlich von der Tanaismündung?). Er sagt 1, 3: *Europa terminos habet .... a septentrione Britannicum Oceanum.* Weiterhin: *Ab ea (Gallia) Germani ad Sarmatas porriguntur, illi ad Asiam.* Und doch sagt er 3, 4: *Sarmatia ab his, quae sequuntur (Scythis), Vistula amne discreta.* Folglich würde schon die Weichsel Grenzfluss gegen Asien (und nördlich des Tanais gedacht) sein. Ostpreussen würde demnach schon in Asien selbst liegen. 3, 6 sagt er: *Thule Sacarum litori opposita est*, wonach diese Insel ebenfalls schon an die Grenze von Asien kommen würde, aber nach demselben Gesichtspunkte in Wirklichkeit weiter westlich gesucht werden muss.

17 Die Völkertafel der Genesis v. A. Knobel (Giessen 1850.), S. 44.

18 *Super* (aber nord-östlich) *Albim Codanus sinus magnis parvisque insulis refertus est. In eo sunt Cimbri et Teutoni*, Mel. 3, 3. — Der Name *Codanus* möchte dem alten cimbrisch-teutonischen Idiom angehört haben, in Süderdithmarsen heisst ein, freilich sehr unbedeutender, Landsee Kuden-See, von dem dann das an ihm liegende Dorf Kuden seinen Namen haben könnte.

18b Schütz (Holst. Idiot. Art. Tönning) sagt nach Kleffel (Betracht. des Alterth. unserer Marschländer, Tönning 1742) von dieser an der rechten Seite der Eidermündung gelegenen Stadt: „Sie hat ihren Namen nicht von Tonne, Seetonne, sondern von Döne (scythischer Name für die) Eider und Ing Feld: Dönenfeld." Wie mag er auf den Ausdruck scythisch gekommen sein? und welche Sprache mag dies sein?

19 Wenn dieser Weg aus der Nordsee in die Ostsee für ganz ununterbrochene Seefahrt gehalten wurde, so war durch denselben die Nordgrenze

der cimbrischen Halbinsel vorgezeichnet, und was jenseit desselben lag, war Oceaninsel.

19b „Gewiss ist es, dass es im Westen des festen Landes ein bedeutendes Insel-Dithmarschen gab, von dem jetzt fast nichts oder nichts wenigstens in dem alten Zustande übrig ist." Dahlmann bei Neokorus dithm. Chron. I. S. 558.

20 τὸ γὰρ ἤλεκτρον συνάγεται μὲν ἐν τῇ προειρημένῃ νήσῳ (Βασιλείᾳ), κομίζεται δὲ ὑπὸ τῶν ἐγχωρίων πρὸς τὴν ἀντιπέραν ἤπειρον, δι' ἧς φέρεται πρὸς τοὺς καθ' ἡμᾶς τόπους.

21 Noch machen die besondern Verhältnisse, wie sie an der germanisch-cimbrischen Nordseeküste stattfinden, es etwas schwierig, den Ausdruck, wie er ist, auf eine der Inseln südlich der Elbe zu beziehen. Der griechische Ausdruck ἀντιπέραν noch mehr als der deutsche verlangt, dass die einander gegenüber zu denkenden Gegenstände durch eine Wasserstrasse getrennt sind. Dieses ist aber bei allen diesen Inseln recht streng genommen nicht der Fall, indem die Watten, auf denen sie liegen und von denen sie nur die höchsten und zu jeder Zeit über der Fluthlinie liegenden Punkte ausmachen, nur periodisch mit Wasser überlaufen sind und keine eigentliche Schifffahrt auf sich gestatten, sondern nur die sogenannte Wattenschifffahrt. Während des Niedrigwassers aber hängen sie eigentlich mehr mit dem Festlande zusammen, als sie von demselben getrennt sind, indem sie nur noch durch schmale, flache, theilweise durchwatbare Wattströme vom Festlande geschieden sind, so dass, wenigstens bei einem Theile derselben, der Verkehr zwischen ihnen und dem Festlande zu Wagen und zu Fuss stattfindet und geradezu der regelmässige ist. Diese Inseln stellen sich also mehr in Zusammengehörigkeit mit dem Festlande dar, und diesem Verhältnisse entspricht auch der Sprachgebrauch der Küstenbewohner, welche das die Watten überlaufende Wasser noch gar nicht als See betrachten, sondern von derselben durch den Ausdruck Haff unterscheiden. Also unter solchen Umständen muss es besonders natürlich erscheinen, dass diese Inseln, als mit ihrer eigenen Küste zusammengehörig, nur einer solchen Küste gegenüber gedacht werden, welcher die ganze Küste, zu der sie gehören, gegenübersteht.

22 *Pytheas Guttonibus, Germaniae genti, accoli aestuarium Oceani, Mentonomon nomine, spatio stadiorum sex millium: ab hoc dici navigatione insulam abesse Abalum. Illuc (succinum) vere fluctibus advehi et esse concreti maris purgamentum: incolas pro ligno ad ignem uti eo, proximisque Teutonis rendere. Huic et Timaeus credidit; sed insulam Basiliam vocavit.*

22b Schlechthin von dem durch die tägliche Meeresfluth unter Wasser gesetzten Vorlande der Küsten gebraucht das Wort *aestuarium* Plinius 2, 97, 99.

23 *Toto autem hoc mari ad Scaldim usque fluvium Germanicae accolunt gentes haud explicabili mensura, tam immodica prodentium discordia est.*

24 *Germanorum genera quinque: Vindili, quorum pars Burgundiones, Varini, Carini, Guttones. Alterum genus, Ingaevones, quorum pars Cimbri, Teutoni ac Chaucorum gentes. Proximi autem Rheno Istaevones.* Mit dem gleich darauf erwähnten *(Amnes clari in Oceanum defluunt, Guttalus, Vistillus sive Vistula, Albis, Visurgis, Amisius, Rhenus, Mosa.)* Flusse Gut-

talus, der allerdings, wenn Alles in Richtigkeit ist, noch östlich von der Weichsel fliessen müsste, die Guttonen zusammenzustellen, ist kein Grund. Im Gegentheil ist es nöthig, in dem einen wie in dem andern Falle die Aufzählung von Osten nach Westen gehend festzuhalten und die Guttonen aus demselben Grunde in den Westen zu verlegen, aus welchem man den Guttalus in den Osten verlegt. Es kommt dazu, dass, da Plinius die Oder übergeht und kein deutscher Flussname einen Anklang an den Namen Guttalus enthält, auch östlich von der Weichsel weder von Germanien noch von einem *amnis clarus* füglich die Rede sein kann, dieser ganze Guttalus einen sehr zweifelhaften Anstrich erhält

25 So gebraucht Neocorus selbst das Wort noch. So I, 9, wenn er von den Völkern, die Bardewick gebaut haben sollen, sagt: als se darin ehre Nedderlage mit Wessel unde Kopmanschop gehatt. Speciell vom Tauschhandel, im Gegensatz des Geldes, gebraucht er das Wort, wenn er I, 205 sagt: den dess Geldes, welches eine Anreitzung alles Ungeluckes, kan men wol entberen unnd bi dem Wessel, wo vor Olderss gebruklich, bliven laten.

25b Im Dänischen kommt es häufig vor, dass die auf kleineren Inseln erbauten Ortschaften den Namen der Insel selbst mit angehängtem by (d. i. Stadt) oder kjöbing (d. i. Kaufstadt, Markt) haben, z. B. Arröe und Arröeskjöbing, Lyöe und Lyöeby im kleinen Belt.

26 *Pontanus rerum Danic. hist.* p. 661 sq. drückt sich über Ebeltoft und Aarhuus so aus: *Est et Ebeltofftia haud procul Randrusio, sed litori proxime adsita; sinus habent singula eiusdem maris patentes, quibus veluti gremio ex Scania, Saelandia, Fionia* (d. i. Fühnen) *urbibusque Vandalicis* (d. i. Nordjütland, wo im äussersten Norden die Landschaft Wendsyssel) *ac denique Succia ac Norvagia appellentia navigia merces peregre advectas commodissime recipiant, ut et Grimstadium aestuario maris similiter ibidem oppositum. Nec abest longe ex opposito propemodum Ebeltoftae Hielmia. Est quidem exigua ea insula, sed loci natura admodum firma, tum et commoda omnibus, qui e sinu Baltico Norvagiam petunt, nam et portum situs ipse facit..... Civitas Aarhuusen, a qua navigatur in Finnen* (Fühnen) *aut Seland, sive in Sconiam vel usque Norvagiam (Saxo).*

Nachträgliche Bemerkung über die Bernsteininsel Austrania oder Austravia: Zufällig erfahre ich noch, dass die unter dem Namen Borkum-Ostland Nachbarinsel von Borkum an der ostfriesischen Küste selbst wirklich den Namen Oesterei, Oesternei, also Austravia oder Austrania, führt.

Viertes Kapitel.

Die Reise des Pytheas von Massilien.

Wir gehen nun zur Besprechung der Reise des Pytheas in den europäischen Norden über, welche diesen Mann zu einer so interessanten Erscheinung des Alterthums gemacht hat. Ehe sich aber über die Richtung dieser Reise sprechen lässt, stossen wir auf zwei Vorfragen, rücksichtlich deren wenigstens eine bestimmte Meinung nöthig ist, wenn gleich bei der Dürftigkeit der Anhaltepunkte für jede zu bildende Meinung es begreiflich ist, dass schon ein geringes Mehr oder Weniger von Wahrscheinlichkeit die Stelle der in leichtern Fragen möglichen Gewissheit wird vertreten müssen.

Die erste dieser Vorfragen, und zwar die vorzugsweise zweifelhafte derselben, ist die, ob Pytheas lediglich den Norden, oder ausserdem auch noch die Südseite Europa's bereist habe. Anlass zur Aufnehmung dieser Frage giebt die von Strabo erhaltene Aeusserung des Polybius, nach welcher Pytheas gesagt haben soll, dass er, aus Britannien, Thule und andern mit diesen im Zusammenhange 'genannten', im Allgemeinen nördlichen, Gegenden zurückgekehrt, über die ganze Oceanküste Europa's von Gades bis (zum) Tanais gekommen sei.[1] Diese Stelle belangend, so liegt die Sache so: Ocean und somit Oceanküste im strengen Sinne des Wortes hat Europa von Gades an nur in nordöstlicher Richtung bis in den dem Alterthume im Allgemeinen unbekannten Norden, dagegen sind Gades und (der) Tanais die Endpunkte der europäischen Südküste. Beide Angaben streng genommen lassen sich also nicht mit einander vereinigen. Es handelt sich demnach darum, diesen die Bildung eines Urtheils verhindernden Widerspruch zu beseitigen, um die Angabe entweder von einer Reise längs der Parokeanitis oder längs der Südküste verstehen zu können. Wir werden hier darthun, dass Pytheas nach zurückgelegter Reise in den Norden auch noch eine Reise längs der genannten Südküste gemacht habe, und dass auch die Natur der angeführten Stelle diese Annahme fordere. Zuerst ist es bei nur leisem Anlasse zur Annahme einer Reise auch längs der Südküste, ganz unabhängig von dem nähern Verständniss unserer Stelle, ungemein natürlich, sich für die Annahme einer solchen zu entscheiden. Pytheas lebte in Massilien, also an dieser Südküste selbst und beinahe auf der Mitte derselben, so dass eine Reise von da ostwärts, so wie westwärts ihm ohne Vergleich näher gelegt erscheint, als eine Reise in den Norden. Eine Reise längs der Südküste war ausserdem so gefahrlos und bequem für einen Griechen, als es im Alterthume nur möglich war, während wir uns die Schwierigkeiten, die im Alterthume mit einer Reise in den Norden verbunden waren, jetzt gar nicht gross genug mehr vorstellen können, und hatte auch in andern Beziehungen weit mehr Aufforderndes. Daher ist auch die Südküste im Alterthume so viel, der Norden so wenig bereist worden und darum gerade die nördliche Reise des Pytheas im Alterthume für wenig glaublich gefunden worden. Insbesondere schloss für einen Massilier eine Küstenreise in den Norden die Reise von Massilien bis Gades ganz oder beinahe von selbst ein, so dass er, um die ganze Südküste bereist zu haben, nach seiner Heimkehr nur noch nöthig hatte, die Strecke von Massilien bis zum Tanais zu bereisen. Man muss also gewiss der Annahme einer nach zurückgelegter nördlicher Reise unternommenen Reise längs der Südküste mit aller Geneigtheit entgegenkommen, und es ist durchaus kein Grund vorhanden, sich gegen den Versuch, die fragliche Stelle des Strabo in diesem Sinne zu deuten, beinahe erhitzt auszusprechen.

Insbesondere war Pytheas Geograph, dem es, dem hervorstechenden Charakter seiner Fragmente nach zu urtheilen, vorzugsweise auf autoptische Erkenntniss der mathematischen Verhältnisse der Erde, insbesondere also gewiss Europa's, ankam. Namentlich hatte er ein Werk hinterlassen, welches in den Scholien zu Apollon. Rhod. Argonautica 4, 761 bei dem Titel γῆς περίοδος, also Reise um die Erde, angeführt wird.[2] Wenn dieser Titel nun auch nur bildlich von einer Beschreibung des Erdumfanges zu verstehen ist, die nur in der Form einer Reise auftrat, und eine eigens unternommene Reise nur so weit voraussetzt, als es zur Erlangung zuverlässig scheinender Nachrichten

über die drei bekannten Erdtheile nöthig war, sollte man dann
meinen, dass Pytheas sich begnügt hätte, authentische Nachrichten nur an der Nordküste und etwa an der Strecke von
Gades bis Massilien, nicht aber auch an der Südküste Europa's
oder etwa gar nur an der Strecke von Massilien bis zum Tanais
einzusammeln, wo Europa mit Asien und Afrika in den engsten
Beziehungen steht? Freilich enthalten seine Fragmente keine
einzige Notiz, um deren willen es nothwendig erschiene, seine
Anwesenheit im Osten von Massilien anzunehmen. Doch das
erklärt sich wohl sehr einfach daraus, dass im Süden der rege
Verkehr gebildeter Völker und die rasch fortschreitende Wissenschaft die Angaben des Pytheas bald veralten liess, während nur seine Nachrichten über den Norden das Interesse sich
länger erhielten. Uebrigens enthalten seine Fragmente auch
keine Angaben über die Strecke von Gades bis Massilien,
obgleich er über Gades und Iberien (s. Not. 1), Tartessus,
Kalpe und das heilige Vorgebirge[3] wirklich berichtet hat, und
dennoch war es, wenn er — was man nicht wird leugnen
wollen — im Südwesten Spaniens war, ganz unvermeidlich
für ihn, die zwischen Gades und Massilien liegende Küste zu
bereisen. Es giebt aber auch wirklich in einem seiner Fragmente (s. Not. 2) eine Nachricht, wenn auch nicht über die Gegenden des schwarzen Meeres, so doch wenigstens über eine
Gegend zwischen Massilien und dem Tanais, die Pytheas auf
seiner nördlichen Reise nicht berührt haben konnte, nämlich
über die äolischen (liparischen) Inseln. Freilich ist diese Nachricht (s. Not. 2) so fabelhaft, dass, wenn man mit Strabo annimmt, Pytheas wolle alles das, was er über die von ihm bereisten Länder berichtet hat, mit seinen eigenen Sinnen wahrgenommen haben und selbst vertreten, man ihn auch mit Strabo
für einen Lügner halten muss. Aber die Fabelhaftigkeit der
Angabe ist nur ein Beweis, dass Pytheas nicht auf den äolischen Inseln selbst gewesen ist, die Nachricht also nur von
Hörensagen hat und sie so, wie er sie empfangen hat, wiedergiebt. Wie kann es sich ein Reisender zur Aufgabe machen,
jede kleine Insel selbst zu besuchen? Er muss sich vielmehr
begnügen, von denjenigen Punkten aus, welche er selbst besucht,
über die Umgebungen derselben, welche er nicht selbst besuchen
kann, Erkundigungen einzuziehen, bei denen er sich dann damit

begnügen muss, sie so hinzunehmen und wiederzugeben, wie sie ausfallen.[4] Die Fabelhaftigkeit der Angabe über die äolischen Inseln haben wir also immer als einen Beweis anzusehen, dass Pytheas in der Nähe dieser Inseln gewesen sei, wie wir auch bei seiner nördlichen Reise, wenn er Fabelhaftes berichtet, es für einen Beweis ansehen müssen, dass er freilich nicht an Ort und Stelle, aber doch in einer gewissen Nähe des Schauplatzes des Berichteten gewesen sei, nämlich nahe genug, um von den betreffenden Gegenständen noch etwas zu erfahren, und entfernt genug, um schon Fabelhaftes von ihnen zu erfahren. Es ist am einfachsten, anzunehmen, dass er an der Westküste Grossgriechenlands, etwa an der geographisch wichtigen Meerenge von Messina gewesen, wo er Aufforderung hatte, sich nach den genannten Inseln zu erkundigen, und man darf sich nicht wundern, dass er von diesen Vulkanswerkstätten, die von den Küstenbewohnern mehr gemieden als besucht werden mochten, leichter etwas Fabelhaftes als etwas Bewährtes berichtet erhielt. Wer diese Betrachtungsweise dieser Nachricht nicht gelten lassen wollte, der müsste folgerichtig auch die Reise des Pytheas in den Norden nicht gelten lassen, weil Pytheas auch die bewährten Nachrichten über den Norden in Massilien selbst eingezogen haben könnte.

Aber auch unsere Stelle selbst enthält Momente, die es fast nothwendig erscheinen lassen, dass Pytheas von einer von ihm ausgeführten Reise längs der Südküste gesprochen habe. Es heisst in derselben, Pytheas habe nach seiner eigenen Angabe die Oceanküste von Gades bis (zum) Tanais bereist, nachdem er aus den vorhergenannten Gegenden, nämlich Britannien, Thule und anderen mit diesen in Zusammenhang gebrachten Oertern zurückgekommen sei (ἐπανελθὼν ἐνθένδε). Die Reise längs der Oceanküste von Gades bis (zum) Tanais ist demnach als eine zweite, an eine vorhergehende Reise, die ihn nach Britannien und Thule geführt hatte, angeknüpfte Reise dargestellt. Verstehen wir nun unter der zweiten Reise ebenfalls eine nördliche, so hat Pytheas in den Norden zwei Reisen gemacht. Solche Unterrichtungsreisen macht man nun aber doch nicht leicht zwei Mal, sondern man unternimmt sie nach einem vorher entworfenen Plane und sucht seinen Reisezweck gleich mit Einem Male vollständig zu erreichen, insbesondere, wenn sie mit grossen Schwierigkeiten und Gefahren verbunden sind. Ist schon das eine gewisse Schwierigkeit, so wird sie es noch mehr, wenn man annehmen soll, dass Pytheas lieber **zweimal** in den Norden als ein **einziges** Mal längs der Südküste Europa's gereist sei, während, wenn Pytheas einmal sich nicht in gleicher Weise zu der einen wie zu der andern dieser Reisen aufgefordert gefühlt haben soll; man eigentlich meinen möchte, dass er sich umgekehrt weit leichter aufgefordert habe fühlen können, zweimal die südliche als ein einziges Mal die nördliche Reise zu unternehmen. Eben so schwer ist es aber, sich nur zu denken, welches vom Ziele der ersten Reise nur einigermassen verschiedene Ziel die zweite Reise gehabt haben könnte, wenn schon die erste Reise ihn nach Britannien, Thule und andern Gegenden, die dem Südländer fremdartige Erscheinungen boten, geführt hatte. Denn was immer von der ersten, nördlichen, Reise des Pytheas gelten möchte, so steht das gewiss für Jedermann fest, dass sie wesentlich an der Küste hin gegangen sei, da sich bei den Verhältnissen seiner Zeit gar nicht annehmen lässt, dass Pytheas sich tief in die von Gesittung und Freundschaft gegen Fremde entblössten Binnenländer der nördlichen Barbaren gewagt haben werde, auch diese ganze Reise (wie die Reisen im Alterthume überhaupt mehr auf Bestimmung der durch Handel und Schifffahrt in nutzenbringendem Verkehr und Befreundung stehenden Küsten es abgesehen und darum den Namen **Periegesen, Periplen, Perioden** erhalten haben) keinen Punkt nachweislich berührt hat, der weit von der Küste abgelegen gedacht werden müsste. Da nun aber die zweite Reise geradezu und ausdrücklich durch **Parokeanitis** als Küstenreise bezeichnet ist, so würde es eine und dieselbe Küste gewesen sein, die er zweimal besucht hätte. Eine Reise zerfällt doch nun aber noch in Hinreise und Rückreise. Pytheas würde demnach, auf Handelsstrasse und Küste beschränkt, **viermal** wesentlich eine und dieselbe Reiseroute gehabt haben. Unter solchen Umständen ist eine zweimalige Reise in den Norden eine ganz besonders schwierige Annahme. Weil der Tanais in den Osten hinweist, so könnte man vielleicht annehmen wollen, die zweite Reise sei etwa die Ostsee entlang gegangen. Bei welchem Flusse aber an der Nordseite Europa's hätte Pytheas sich so bestimmt an die Grenzen Europa's und Asiens versetzt erblicken können, dass er hätte sagen können, er wäre bis zum Tanais [5] gekommen? In keinem seiner Fragmente kommt eine Spur davon vor, dass er auf dem Continente gegen Osten weiter als zum (cimbrischen) Bernsteinlande gekommen sei; lange nach Pytheas war auch noch die Elbe die östliche Grenze der bekannten Welt, selbst noch bei Plinius ist es bemerkbar, wie er, trotz erweiterter Erdkenntniss, in augenscheinlicher Abhängigkeit von Timäus, Xenophon von Lampsakus und Pytheas, da, wo er seine Leser vom Tanais aus an die Aussenseite, also an die Oceanküste, Europa's führt, um diese bis Gades, also in ihrer ganzen Ausdehnung von Osten nach Westen, zu verfolgen, sie an den Fuss der cimbrischen Halbinsel führt, als wäre hier die der Tanaismündung an der Südseite correspondirende Stelle der Nordseite Europa's, das Uebrige aber nur durch ungewisses Gerücht bezeichnet, und wo Spätere auf ausgemacht östlichere Gegenstände, z. B. auf die Oder, zu reden kommen, bezieht sich keiner derselben mehr auf ein Zeugniss oder auch nur auf eine Fabel des Pytheas. Doch wozu dieses Alles? Die Ostsee ist so gut Binnenmeer als das europäische Südmeer, und ihre Küste demnach eben so wenig Oceanküste als die des letztern. Nur die nicht auf Erfahrung, sondern auf Construction beruhende Geographie der Alten konnte da, wo ungefähr die Ostsee geht, Ocean statuiren, aber Pytheas, wenn er diese Küste wirklich bereist hätte, würde gar nicht darüber im Unklaren haben bleiben können, dass die Ostsee Binnenmeer und ihre Küste demnach Binnenmeersküste sei, weil den Anwohnern der Ostsee selbst die Natur ihres Meeres nicht unbekannt sein konnte. Also hätte Pytheas diese Küste auch nicht Parokeanitis nennen können. Wer also um des Ausdrucks Parokeanitis willen die zweite Reise des Pytheas nicht für eine Reise längs der europäischen Mittelmeersküste halten will, der darf sie auch nicht für eine Reise längs der Ostseeküste halten.

Wie also die zweite Reise keine wesentlich andere Richtung gehabt haben würde, als die erste, und wie sie eben deshalb gar nicht motivirt erscheint, so lässt sie sich aber auch in gar keinem zweckmässigen Anschlusse an die erste Reise denken. Wenn man nämlich von der Ausdehnung Europa's spricht, so ist es ganz gleich, ob man sagt „von Gades bis (zum) Tanais" oder „von (dem) Tanais bis Gades." Ist aber von einer Reise die Rede, so ist es nicht gleichgültig, ob man den Westen oder den Osten in der Ausdrucksweise als Ausgangspunkt betrachtet. Hat Pytheas von einer Küsten-Reise von Gades bis (zum) Tanais gesprochen oder auch nur dem Polybius Veranlassung gegeben, sich so und nicht umgekehrt auszudrücken, so muss man, wenn man sich nicht allzuviel erlauben will, annehmen, dass die Reise auch wirklich von Gades ausgegangen sei, also sich in der Richtung von Westen nach Osten, nicht umgekehrt, bewegt habe. Nun mag man sich die Sache denken wie man will, die Reise wird sich nie geeignet an die erste Reise so anschliessen, dass etwas Plan zwischen beiden Reisen sichtbar wäre. Denn um von Gades aus die zweite Reise antreten zu können, musste Pytheas aus dem Norden bis Gades zurückgekehrt sein. Welcher Mensch aber, der irgendwo im Norden ist und denselben in einer noch andern Richtung besuchen will, schlägt nicht gleich diese Richtung vom Norden aus ein, sondern reist erst herab bis Cadix? Nimmt man aber an, er habe die zweite Reise erst nach seiner Rückkunft nach Hause unternommen, so musste die zweite Reise doch wieder von Massilien ausgehen, und man sieht wieder nicht ein, wie diese nur eine Reise blos längs der Oceanküste von Gades bis (zum) Tanais genannt werden konnte, da sie ja eine Reise von Massilien bis über die Säulen des Herkules hinaus (ungefähr 200 geogr. Meilen) mit einschloss. Kurz man mag sich drehen, wie man will, man kommt zu keiner erträglichen Vorstellung über die Reisen des Pytheas überhaupt, wenn man die Reise längs der Oceanküste von Gades bis (zum) Tanais für eine Reise längs der europäischen Nordküste hält, während es so ganz einfach ist, wenn wir den Pytheas erst in den Norden und von da zurück nach Gades, von hier aus aber zunächst nach Massilien, und endlich, vielleicht ziemlich unmittelbar hierauf, von Massilien an der Südküste hin ostwärts bis zur Tanaismündung oder nach Tanais reisen lassen.

Wenn es nun unter solchen Umständen darauf ankommt, die bezügliche Strabostelle so aufzufassen, dass von den einschlagenden Worten entweder der Ausdruck **Parokeanitis** mit auf die Binnenmeersküste, oder der andere Ausdruck **von Gades bis (zum) Tanais** auf die Nordküste Europa's bezogen werde, so muss man gewiss gestehen, dass diese sachlichen Bedenken so schwer in die Waagschale fallen, dass sie nur von den schwersten linguistischen Gegenbedenken aufgewogen werden könnten. Wie sieht es nun aber in dieser Hinsicht aus? Ist es wirklich hermeneutisch leichter, unter den gegebenen Verhältnissen den Ausdruck von Gades bis (zum) Tanais da passend zu finden, wo von der Nordküste Europa's die Rede ist, als den Ausdruck Oceanküste auf die Küste des Europa im Süden begrenzenden Binnenmeeres mit zu beziehen? Gewiss das Gegentheil. Allerdings nämlich muss zugestanden werden, dass Ausdrücke wie von Gades oder von den Herkulessäulen bis (zum) Tanais oder, wie es anderwärts heisst, zu den Mündungen des Tanais, einige Mal für Europa in seiner ganzen Ausdehnung von Westen nach Osten oder umgekehrt gebraucht werden. Aber es muss dabei gewürdigt werden, dass, weil Griechen und Römer auf der Südseite Europa's leben, auch nur von der ihnen allein bekannten Südseite Europa's zu reden haben, diese Ausdrücke nur in so fern gewählt und passend sind, als zunächst die Südküste, dann die Südseite Europa's ihnen überhaupt wesentlich für Europa galt und sie bei Europa wesentlich nur an dessen Südseite dachten Wenn sie Europa so aufgefasst hätten, wie wir heutzutage es thun, oder wenn sie auch nur an das ganze Festland zwischen Mittelmeer und Ostsee gedacht hätten, so würde der Ausdruck eben so unpassend gewesen sein, wie er es für uns ist. Nun ist aber hier der Fall noch ganz anders. Es ist hier nicht etwa von Europa wesentlich mit Einschluss seiner Nordseite, sondern speciell gerade von dieser Nordseite mit Ausschluss der von Gades und (dem) Tanais begrenzten Südseite die Rede. Ja man muss sagen: nicht einmal von Europa selbst, sondern nur von der Gades und (dem) Tanais abgewandten europäischen Parokeanitis ist die Rede. Dazu kommt, dass hier vielleicht gar nicht einmal an den Fluss Tanais, sondern an die an seiner Mündung gelegene berühmte Handelsstadt gleiches Namens gedacht werden soll, in eben so natürlichem Gegensatze zu der berühmten Handelsstadt Gades, wie anderwärts in gleicher Redeweise der Fluss Tanais oder bestimmter seine Mündungen und die Herkulessäulen in gleicher Weise als Naturerscheinungen einander gegenübergestellt sind. Hier ist also der Ausdruck eben so unpassend, als es unpassend sein würde, von der ganzen atlantischen Meeresküste Spaniens, also von Cadix bis Bayonne, zu sprechen und sie durch den Beisatz „von Cadix bis Barcellona" zu bezeichnen, obwohl letzterer Ausdruck als ganz angemessene Bezeichnung Spaniens in seiner Ausdehnung von Westen nach Osten betrachtet werden kann, sofern wesentlich an die Südseite Spaniens gedacht wird. Gesetzt den Fall, es hiesse in unserer Stelle nicht Oceanküste (παρωκεανῖτις), sondern Küste überhaupt (παραλία), so würde dieser Ausdruck an sich betrachtet doch eben so gut von der europäischen Oceanküste als Binnenmeersküste verstanden werden können. Wenn es in diesem Falle dann vollständig hiesse, Pytheas wolle die Küste (παραλία) von ganz Europa von Gades bis (zum) Tanais bereist haben, würde dann auch noch Jemand sagen, dass es zweifelhaft sei, ob hiermit eine Reise längs der Oceanküste oder längs der Südküste gemeint sei, weil sowohl der Ausdruck Küste von der einen wie von der andern, als auch der Ausdruck von Gades bis (zum) Tanais von der ganzen Ausdehnung Europa's sowohl längs seiner Nordseite als seiner Südseite verstanden werden könnte? Wenn aber Niemand so urtheilen wird, und zwar lediglich darum, weil er sich durch den Zusatz bestimmt auf die Südseite Europa's hingewiesen betrachten wird, so kann er sich auch nicht ermächtigt halten, um des Ausdrucks Oceanküste willen dem Zusatze seine sonst unverkennbare specielle Bedeutung ganz zu nehmen.

Während, wie hiermit gezeigt worden ist, sich der Annahme, dass die von Pytheas nach seiner Rückkehr aus dem Norden unternommene Reise ebenfalls in nördlicher Richtung gegangen sei, viele und erhebliche Schwierigkeiten entgegenstellen, bedarf es, um die betreffende Stelle des Strabo von einer Reise längs der europäischen Südküste zu verstehen, weiter nichts als die Annahme eines Zeugma. Unbezweifelt ist doch nämlich die Küste vom heiligen Vorgebirge bis zu den Säulen des Herkules, also derjenige Theil der europäischen Südküste, an welchem Gades lag und an welchen, weil zunächst Gades zu erwähnen war, zunächst gedacht werden musste, wirklich Oceanküste, und somit ist in Bezug auf Gades der Ausdruck unserer Stelle wirklich correkt. In der Wirklichkeit sind ferner solche Meeresgrenzen, wie die Strasse von Gibraltar, lange nicht so markirt, wie auf der Landkarte, und durch das

Zusammenrücken zweier einander gegenüberliegender Küsten bis auf eine solche Strasse legt der Ocean seine eigenthümliche Natur (Ebbe und Fluth) auch nicht so mit einem Male ab, dass nicht eine bedeutende Strecke der Mittelmeerküste noch wesentlich den Charakter der Oceanküste hätte und die Bezeichnung durch Oceanküste litte. Da nun die griechische Sprache, wie für **Meer** überhaupt (gleichviel ob Ocean oder Binnenmeer), so auch für **Küste** überhaupt (gleichviel ob Oceans- oder Binnenmeersküste) einen recht geeigneten Ausdruck nicht hat, so musste in unserer Stelle zunächst mit Rücksicht auf den westlichsten Theil dieser ganzen Südküste der Ausdruck **Oceanküste** gewählt werden. Wiefern nun aber hernach auch an den übrigen Theil der Südküste gedacht werden soll, welche als Binnenmeersküste mit der Oceanküste nur noch unter den allgemeinern Begriff der Küste überhaupt fällt, so ist darauf gerechnet, dass bei jedem Leser durch den Verlauf der Rede der Begriff παρωκεανῖτις auf den der παραλία überhaupt sich von selbst erweitere. Was würde es sehr anstössig sein, wenn Jemand im Deutschen sagte, Seeräuber hätten die ganze Nordseeküste bis über Antwerpen oder Hamburg hinauf unsicher gemacht, trotz dem, dass beide Städte längst nicht mehr an der Nordsee liegen? Den ausdrücklichen Dazwischentritt eines καὶ τὴν παραθαλάσσιαν hinter Γαδείρων zu verlangen, erscheint eben so, wie wenn Jemand in dem eben gebrauchten Beispiele verlangen wollte, dass man sagte, die Seeräuber hätten die ganze Nordseeküste und dann noch in dem Charakter von Flussräubern die Ufer der Flüsse (Schelde und Elbe) unsicher gemacht.

Allerdings ist das Missverhältniss zwischen dem Stück Oceanküste und der langen Strecke Binnenmeersküste in unserer Stelle sehr bedeutend; indessen man muss berücksichtigen, dass der alte **Fluss Ocean** ursprünglich eine Schöpfung der Einbildung war, woraus folgte, dass seine ihn dem **Meere** gegenübersetzende Vorstellung mehr und mehr unhaltbar wurde. Er war längst als Meer erkannt und wurde mehr und mehr selbst **Meer** (θάλασσα, mare) genannt, so dass selbst unterschiedlos **nördlicher Ocean** und **nördliches Meer** gesagt wird, wenigstens von den im Westen lebenden Römern, die mit seiner Natur leichter bekannt werden konnten als die Ostgriechen. Indem also der Begriff des Meeres sich hiermit so erweiterte, dass er den Ocean mehr und mehr einschloss, musste ja auch der Begriff der Parokeanitis unsicherer werden und die etwanige Härte eines solchen Zeugma weniger fühlbar machen, als für uns, die wir allemal von dem älteren Begriffe des Ocean auszugehen gewohnt sind. Pytheas war nun, obgleich Grieche, doch ein Westgrieche aus einer Stadt, in welcher wir diejenige Vorstellung vom Ocean, welche den strengen Gegensatz zwischen Ocean und Meer aufheben musste, schon Jahrhunderte früher als in Rom voraussetzen dürfen; ausserdem hatte gerade er vorzugsweise eigene Erfahrungen über die Beschaffenheit des Oceans gemacht, durch die er vielleicht vorzugsweise zum Umsturze der alten Oceanvorstellung beigetragen hatte; also gerade bei Pytheas hat ein solches Zeugma am allerwenigsten etwas Befremdendes.

Jedoch wollen wir dieses nicht darum gesagt haben, um den Ausdruck zu rechtfertigen, sondern nur, um seine Unangemessenheit als so unbedeutend darzustellen, dass es sich erklärt, wie sie übersehen werden konnte. Es unterliegt nämlich allerdings wohl keinem Zweifel, dass, — wie Pytheas nun einmal mit allen seinen Angaben Unglück gehabt hat — der Ausdruck corrumpirt ist. Sind doch in diesem ganzen von Strabo aus Polybius entlehnten Fragment zwei andere Angaben des Pytheas geradezu bis zur Sinnlosigkeit entstellt, nämlich die Angabe über Britannien, bei der sich gar nichts Vernünftiges denken lässt, und die über die Oerter oder Gegenden, wo sich das Meerlungenähnliche befindet. Unstreitig sprach Pytheas in seinen eigenen Schriften von der Reise von Gades bis zum Tanais als von einer unmittelbaren Fortsetzung der Reise längs der Oceanküste, wodurch sie mit dieser als eine und dieselbe einzige Reise erschien. Dies lässt sich aber recht wohl denken, wenn wir von der allernatürlichsten Vorstellung von der Art und Weise, in welcher Pytheas nach seiner Rückkehr aus dem Norden seine Reise längs der Südküste unternommen habe, ausgehen. Es versteht sich beinahe von selbst, dass Pytheas von dem Norden herab die ganze Oceanküste bis Gades, und von Gades dann längs der Südküste nach Massilien zurück gereist sei, dagegen später nur noch einmal von Massilien aus längs der Südküste bis zum Tanais gereist sei. So betrachtet, hat er allerdings die ganze Parokeanitis, aber auch die ganze Südküste Europa's bereist, aber die Bereisung der westlichen Hälfte dieser Südküste von Gades bis Massilien gehört noch mit zu seiner ersten, nicht zur zweiten Reise. Und wirklich, nur eine kleine Wortversetzung, zu welcher die schwerfällige Stelle schon um ihrer selbst willen auffordert, gehört dazu, den Worten diesen Sinn zu geben. Man setze nur das nach πᾶσαν durchaus gezwungen stehende ἐπέλθοι hinter Εὐρώπης und construire das vorhergehende ἐπανελθὼν ἐνθένδε mit πᾶσαν τὴν παρωκεανῖτιν τῆς Εὐρώπης, dagegen ἐπέλθοι selbst mit dem folgenden (τὰ) ἀπὸ Γαδείρων ἕως Τανάϊδος, so scheint die ganze Sache auf's Beste hergestellt zu sein. Also man lese: καὶ διότι, ἐπανελθὼν ἐνθένδε πᾶσαν τὴν παρωκεανῖτιν τῆς Εὐρώπης, ἐπέλθοι ἀπὸ Γαδείρων ἕως Τανάϊδος. Vielleicht glaubte Strabo oder Polybius oder derjenige Schriftsteller, aus welchem Polybius schöpfte,[6] der Ausdruck ἐπανέρχεσθαι müsse von der vollendeten Rückkehr bis in die Heimath Massilien verstanden werden, während er nur von der Rückkehr aus der nördlichen Region, d. h. aus den durch das nördl. Meer von dem eigentlichen Körper Europa's getrennten und zu einer besondern nördlichen Schicht gemachten, oder auch überhaupt nördlich von der im Alterthume angenommenen Nordgrenze Europa's liegenden Ländern zurück in die Gegenden, aus welchen er auf der Hinreise in den höhern Norden übergegangen war, verstanden werden muss. Hierher also (wir wollen einmal annehmen: an der Mündung des Rheins, der Ems, der Weser oder der Elbe) zurückgekehrt, bereiste er die ganze Parokeanitis Europa's (d. h. bis Gades) und hernach noch die Strecke von Gades zuerst nach Massilien, und von da später bis zum Tanais.

Nach diesem Allem wird es Jedem augenscheinlich sein, dass, wenn in so dunkeln Theilen der Geschichte überhaupt etwas angenommen werden soll, an einer Reise des Pytheas auch längs der Südküste Europa's füglich gar nicht gezweifelt werden kann. Nur haben wir uns das Verhältniss dieser beiden Reisen so zu denken, dass, indem er auf der ersten Reise den Rückweg aus dem Norden längs der ganzen Oceanküste nahm, die Strecke der Südküste von Gades bis Massilien noch zur ersten Reise gehörte, und Pytheas dann nur noch eine zweite Reise von Massilien bis (zum) Tanais unternahm, um die Reise längs der ganzen Südküste Europa's vollendet zu haben.

Jetzt kommen wir zur zweiten der nothwendigen Vorfragen, nämlich zu der Frage, von welcher Art die Reisen des Pytheas und insbesondere seine erste, nördliche, Reise, mit der wir es von nun an nur noch zu thun haben, gewesen sei. Hier tritt uns nun die Meinung als herrschend entgegen, diese so berühmte Reise sei eine Seereise gewesen. Was zu dieser Meinung den Anlass gegeben haben mag, habe ich gar nicht finden können. Vermuthlich rührt die Annahme nur her theils von den fabelhaften Vorstellungen von den grossen Phönicierfahrten nach dem Zinn- und Bernsteinlande, theils davon, dass Pytheas auf dieser Reise Inseln, zu denen man ja nur zu Schiffe gelangen kann, besuchte, theils endlich von Agathemerus, welcher den Pytheas unter den Schriftstellern aufführt, welche sogenannte Periplus verfasst haben. Aber das sind durchaus keine Gründe. Denn abgesehen davon, dass diese Phönicierfahrten über das heilige Vorgebirge hinaus oder doch wenigstens weit über dasselbe hinaus von keinem hinlänglich alten Schriftsteller vertreten und nur von Leuten angenommen werden, die von den Bedingungen, unter denen eine Seefahrt dieser Art allein möglich ist, keine Kenntniss haben, so würde noch dazu daraus, dass es direkte Handelsschifffahrt aus dem mittelländischen Meere in den nördlichen Ocean wirklich gegeben hätte, keinesweges folgen, dass ein einzelner massilischer Reisender wie Pytheas, oder eine kleine Reisegesellschaft,[7] welche den Norden bereisen wollte, ohne gerade direkt Waaren dahin oder von daher zurück zu führen, die Reise ebenfalls zur See gemacht hätte. Um z. B. von meinem Wohnorte Hamburg zu reden, so gehen Schiffe von hier aus in Menge nach dem mittelländischen Meere, wie nach der Ostsee, aber nicht nur keinem Menschen überhaupt, nein sogar keinem Seemanne von Profession, wenn er nicht eben Waaren zu Schiffe transportiren soll, kann es einfallen, nach Italien, Frankreich, Spanien oder nach einem Ostseelande in einem Segelschiffe, ganz besonders in einem Küstenfahrzeuge zu reisen, und wer es thun wollte, statt zu Lande zu reisen, würde trotz der jetzt überaus erleichterten Schifffahrt für toll gehalten werden. . Selbst trotz der Dampfschifffahrt nach Holland, Nordfrankreich und England ziehen Viele, vielleicht die Meisten, die Landreise vor und beschränken in Bezug auf England die Seefahrt auf die kürzeste Strecke von Ostende oder Calais nach der britischen Küste. Nach Copenhagen reist man

aber je nach Befinden erst zu Lande nach Lübeck, Kiel oder
Aarhuus und erst von diesen Punkten aus zur See. Wir müssten also den Pytheas geradezu für einen mit Waaren reisenden
Kaufmann, Supercargo oder Schiffskapitän ansehen, wenn wir
es für möglich halten sollten, dass seine Reise Seereise gewesen wäre.[8] Als solcher stellt er sich aber gar nicht dar, denn
wohin er kommt, da sehen wir ihn mit Erforschung geographischer Angelegenheiten beschäftigt, keinesweges mit merkantilischen. Es muss auch Jedem, der nur Gelegenheit gehabt
hat, die Lage eines Flussschiffers, der doch immer zwischen
zwei Ufern bleibt und fast immer Gelegenheit zum Landen hat,
zu beobachten, einleuchten, dass ein solcher Mann durch seinen
Aufenthalt auf dem Wasser ausser Stand gesetzt ist, über die
von ihm durchfahrenen Länder Beobachtungen zu machen oder
Erkundigungen einzuziehen, und dass er selbst, wenn er landet,
sein Fahrzeug nicht dem Zufalle der Witterungsverhältnisse oder
dem Muthwillen Anderer, preisgeben kann, um zeitraubende
Excursionen für wissenschaftliche Zwecke in's Land zu machen.
Ein Seefahrer ist in einer für solche Zwecke noch ohne Vergleich ungeeigneterm Lage. Auf der See selbst giebt es für
ihn gar nichts zu beobachten, nicht einmal Ebbe und Fluth,
weil selbst diese nur am Lande bemerkt werden können; häufig
und vielleicht regelmässig muss selbst der Küstenfahrer, um der
Gefahr des Strandens zu entgehen, sich weit von der Küste
entfernt halten und ganze lange Strecken giebt es, an denen
gar keine Möglichkeit mit dem Lande in Verbindung zu treten
gegeben ist; wo sie aber gegeben ist, da muss der Wind oder
die nach dem Lande treibende Fluth die Möglichkeit gewähren,
dem Lande sich zu nähern, und die genaueste Kunde der Meerestiefe gehört dazu, um gefahrlos in den Hafen einzulaufen. Kurz,
die Seereise würde dem Pytheas für geographische Zwecke die
allerungünstigsten Verhältnisse geboten und die Erreichung derselben von einer Menge selten günstiger Zufälligkeiten abhängig
gemacht haben. — Wenn Pytheas Inseln besuchte, so musste er
allerdings zu Schiffe fahren. Aber wer von Hamburg die Insel
Sicilien besuchen will, der reist doch nicht zu Schiffe dahin ab,
sondern geht zu Lande bis Neapel oder vielleicht gar bis Reggio,
um erst von da aus überzufahren. Wo Inseln sind, da stehen
ihre Bewohner immer mit den Anwohnern der nächsten Küsten-

punkte in Verkehr, und an diesen letztern findet man also immer
Gelegenheit nach denselben überzusetzen, insbesondere, wenn
sie zugleich die Punkte sind, über die sich der Handel mit der
Insel bewegt. Es versteht sich also von selbst, dass Pytheas
es bei der Reise nach Inseln eben so gehalten hat, wie es noch
heutzutage jeder vernünftige Mensch hält. — Wenn Agathemerus
endlich unter mehrern andern Verfassern von Periplen auch den
Pytheas mit aufführt, so folgt daraus nicht, dass die Reise des
Pytheas, als deren Frucht etwa sein Periplus anzusehen ist, eine
Seereise gewesen sei. Periplus ist nur ein recipirter bildlicher
Titel für eine Küstenbeschreibung, weil eine solche Küstenbeschreibung ganz ungesucht die Form einer Küstenfahrt annimmt, die alten Küstenbeschreibungen, soweit sie sich namentlich auf Aufzählung der Hafenplätze beschränkten, in der That
auch zum Theil wohl ihr erstes Material wirklich gemachten
Seereisen verdankten, endlich auch ihrem praktischen Zwecke
nach zum Theil eine Art von sogenannten Wegweisern für See-
fahrende mochten abgeben sollen. Einen solchen Periplus, insbesondere einen versificirten, zu schreiben, konnte Jeder übernehmen, der sich die wenigen dazu nöthigen geographischen
Kenntnisse verschafft hatte, und viele derselben mögen von
Leuten verfasst gewesen sein, die niemals die See befahren
haben, sondern nur das für eine solche Aufgabe nöthige Com-
positionstalent hatten. Und gesetzt auch, ein solcher Periplus
wäre immer als Frucht einer von seinem Verfasser gemachten
Seereise längs der in demselben beschriebenen Küste anzusehen,
so müsste man doch zugestehen, dass, da Agathemerus den Pytheas nur in einer ganzen Reihe von Küstenbeschreibern mit
aufführt, der Ausdruck Periplus nicht mit specieller Rücksicht
auf Pytheas, sondern nur darum gewählt sein könnte, weil die
Mehrzahl der angeführten ähnlichen Küstenbeschreibungen
Früchte wirklicher Seefahrten gewesen wäre. Dagegen würde
es viel mehr Gewicht haben, dass der Scholiast des Apollonius
in der oben (Not. 2) angeführten Stelle dasjenige Werk des
Pytheas, welches diese Küstenbeschreibung gewesen sein muss,
γῆς περίοδος nennt. Denn indem man schon an sich berechtigt
wäre, diesen Ausdruck in gleicher Weise im strengen Sinne zu
nehmen und von der Frucht einer von Pytheas gemachten Landreise zu verstehen, würde man noch sagen können, dass in

dieser Stelle der Ausdruck ausschliesslich mit Rücksicht auf Pytheas gewählt sei, ja geradezu als der aus der Art und Beschaffenheit der Pytheas'schen Reisen selbst abgeleitete originelle Titel des Pytheas'schen Werkes auftrete. Also die Pytheas'schen Reisen und insbesondere seine nordische Reise waren wesentlich Landreisen, bei denen er einzelne Strecken immerhin je nach Vortheil und Bequemlichkeit zu Wasser zurückgelegt haben könnte und nach Inseln natürlich allemal von geeigneten Festlandsküstenpunkten abfahren musste. Dies zeigen auch die Fragmente des Pytheas ganz deutlich. Schon nach der eben angezogenen Stelle seiner „Reise um die Erde" berichtete Pytheas, wie auf den äolischen Inseln Lipara und Strongyle Vulkan sein Wesen treiben solle, dass man da den Donner und das Getös davon vernehmen solle und von Alters her die Sage gehe, man könne dort rohes Eisen und den Arbeitslohn dazu hinlegen, um des andern Tages irgend ein aus demselben geschmiedetes Werkzeug wegnehmen zu können. Eben so berichtete er, dass das Meer dort siede. Diese Angaben setzen, wie schon bemerkt, wegen ihrer handgreiflichen Fabelhaftigkeit voraus, dass Pytheas nicht auf den äolischen Inseln selbst gewesen ist. Denn wer auf denselben wirklich gewesen war, insbesondere, wer auf denselben selbst wohnte, der konnte dem Pytheas solche Angaben nicht geben, eben weil er es wissen musste, dass sich die Sachen nicht so verhielten. Diese Meinungen konnten sich blos in angemessener Entfernung von diesen Inseln bilden und erhalten, nahe genug, um von den dortigen vulkanischen Erscheinungen zu erfahren, und doch auch wieder entfernt genug, um sich über sie nicht aufklären und eingebildete Vorstellungen von ihnen berichtigen zu können. Also auf diesen Inseln selbst kann Pytheas diese Angaben nicht gehört haben, und das Natürlichste also ist, dass er sie auf dem Festlande Süditaliens gehört und in Ermangelung eines ihm zu Gebote stehenden Schiffes sich kein Urtheil über dieselben verschaffen gekonnt habe. Machte er aber die Reise von Massilien aus östlich zu Lande, so ist es natürlich, dass er auch die nördliche Reise, von der er über Gades nach seiner Heimath zurückkehrte, nur noch viel mehr zu Lande gemacht habe, da eine Seereise in den Norden ohne allen Vergleich beschwerlicher, hemmender und gefährlicher sein musste, als eine in viel befahrenen Meeren.

— Aber ein direktes Zeugniss darüber, dass die nördliche Reise wesentlich Landreise gewesen sei, so bündig wir es nur verlangen können, enthält die Not. 1 benutzte Stelle, in welcher Polybius auch das für unglaublich hält, wie es einem armen Privatmanne möglich gewesen wäre, solche weite Abstände zu Wasser und zu Lande (πλωτὰ καὶ πορευτά) zu durchreisen. Der Gegensatz zwischen πλωτόν und πορευτόν ist aber hier um so unzweifelhafter, als Polybius einige Zeilen vorher, wo er von Gegenden oder Stellen spricht, an denen weder zu Land noch zu Wasser, zu Fuss noch zu Schiff fortzukommen gewesen sei, sich des Wortes πορευτόν im Gegensatze zu πλωτόν bedient. Waren aber die Reisen des Pytheas und insbesondere seine nördliche Reise aus Land- und Seereise gemischt, so versteht es sich auch von selbst, dass sie wesentlich Landreise waren, d. h. dass Pytheas nicht etwa von Massilien zu Schiffe abging und nur in einzelnen Fällen landete, um einzelne Excursionen auf dem festen Lande zu machen, sondern dass er von Massilien zu Lande abging und nur in Fällen der Nothwendigkeit oder Zweckmässigkeit die sich bietenden Gelegenheiten zu Seefahrten für einzelne Strecken benutzte. Denn wer auch nur das Wenige, was wir so eben über die Lage des Seefahrers gesagt haben, von Seefahrt weiss, der muss einsehen, dass Pytheas, wenn er sich an ein eigenes Schiff gefesselt hätte, längere Excursionen zu Lande, die neben den Seetouren zur Sprache gekommen wären, gar nicht hätte unternehmen können, da sich ein Fahrzeug eben nicht behandeln lässt, wie eine Equipage auf einer Vergnügensreise, die man, so oft man sich zu einer Fusspartie aufgefordert sieht, zu bestimmter Zeit an einen bestimmten Ort bestellt, um an demselben wieder einzusteigen. Er wird also zugeben, dass eine in solcher Art gemischte Reise nur in der Art ausgeführt werden konnte, dass er seine Person nicht von vorn herein an ein Schiff fesselte, sondern die Landreise zur eigentlichen Basis der Reise machte und für solche Fälle, in welchen er sich der See übergeben musste, seine Reise nach solchen Küstenpunkten richtete, an denen Schiffsgelegenheiten nach den beabsichtigten Zielen hin vorkamen, die er dann benutzte, um, jenseits gelandet, des Schiffes wieder frei und ledig zu sein. Aber noch deutlicher bezeichnet Polybius die Reisen des Pytheas, und insbesondere die nördliche, als Landreisen, wenn er in den viel besprochenen Worten sagt: ἐπανελθὼν ἐνθένδε und ἐπέλθοι τὴν παρωκεανῖτιν oder, nach der von uns versuchten Berichtigung, ἐπανελθὼν ἐνθένδε τὴν παρωκεανῖτιν und ἐπέλθοι ἀπὸ..... ἕως. Durch die Wahl von ἐπέρχεσθαι und ἐπανέρχεσθαι giebt er deutlich zu verstehen, dass Pytheas sich auf dieser Reise auf der Küste selbst befunden, **nicht neben der Küste hin gesegelt sei**, denn im letztern Falle hätte er sagen müssen παρελθὼν und παρέλθοι, wie er Not. 3 den Ausdruck εὐπάροδος gebraucht. Ja, wenn wir diese wichtigen Worte nach der von uns angegebenen und, wie sich nicht leugnen lässt, von aller Vernunft gebotenen Weise verbessern, so zeigen sie sogar deutlich, dass Pytheas bei der nördlichen Reise wirklich gerade **gleich von Massilien aus zu Lande**, und zwar **quer durch Gallien**, vermuthlich auf einer der gangbaren Handelsstrassen, mehr oder weniger direkt auf Britannien los, gegangen sei, wie wir es verlangen müssen und wie es für die ganze Reise durchaus bezeichnend wird.

Wenn nämlich diese Worte eigentlich das sagen wollten, dass Pytheas, von dort (d. h. aus dem höhern Norden) zurück über die ganze Oceanküste Europa's herabgekommen, noch von Gades bis (zum) Tanais gekommen sei, also diese Begehung der ganzen Oceanküste bis Gades auf dem Rückwege aus dem höhern Norden ausgeführt hat, so versteht es sich, wenn man dem Pytheas nur etwas planmässige Anlegung seiner Reise zutrauen will, von selbst, dass er nicht schon auf dem Hinwege in den Norden ebenfalls am mittelländischen Meere hinab und dann von Gades aus die lange Oceanküste hinaufgegangen sei, sondern die Bereisung dieser Oceanküste sich eben für den Rückweg aufgespart habe, folglich in den Norden hinaufwärts auf einem andern Wege gereist sei. Da es nun chimärisch sein würde, anzunehmen, er wäre in den Norden hinauf etwa zu Schiffe gegangen, so bleibt nichts Anderes übrig, als anzunehmen, dass er folglich auf der Hinreise in den Norden den direkten Weg quer durch Gallien gegangen sei. Dieser direkte Weg muss dann aber wieder nach Britannien, und zwar nach dem Südwesten dieser Insel, gerichtet gedacht werden, denn wenn Pytheas auf dem Rückwege aus dem höhern Norden die Oceanküste (bis Gades) herabgegangen ist, so hat er auf dieser Rückreise eben die Oceanküste, also das Festland,

gar nicht verlassen und folglich, wenn er auf dieser Reise doch
einmal auch in England war, diese Insel auf dem Hinwege in
den Norden besucht. Wenn Pytheas, aus dem höheren Norden zurückgekommen, die ganze im Alterthume anerkannte Parokeanitis bis Gades herab bereist ist, so muss er diese Reise
auf der Parokeanitis herunter am nördlichsten Ende derselben,
und zwar da angetreten haben, wo das nördliche Ende dieser
europäischen Festlands-Parokeanitis auch wirklich einen höhern
Norden über sich hat. Er muss also die Reise über die Parokeanitis herab streng genommen von der Nordspitze der cimbrischen Halbinsel, wenigstens von der Elbmündung, mit Einem
Worte, vom Bernsteinlande aus, angetreten haben. In diesen Norden muss er also gelangt sein von Britannien aus, und
da er dahin offenbar von der Ostseite Britanniens abfahren
musste, so versteht es sich wieder von selbst, dass er auf dem
Wege nach Britannien auf den westlichen Theil dieser Insel
losgegangen sein werde, um durch den Verfolg der Reise durch
die Insel selbst ihrer Ostseite zugeführt zu werden. Bei dieser
Betrachtungsweise motivirt sich auch der Ausdruck unserer Stelle
am besten. Denn dann erst fällt der Sinn der Stelle ganz vorzüglich aus, wenn man ihn auflöst: Aus dem höhern Norden
auf den Continent zurückgekommen, reiste Pytheas nicht auf
dem direkten Wege nach Massilien, sondern die ganze Oceanküste hinab. Man dürfte demnach ohne Weiteres anzunehmen
haben, dass er von Massilien aus so direkt als möglich auf
Korbilo zu an der Mündung der Loire gereist sei, und vermuthlich nicht auf dem für einen solchen Reisenden umständlichern Wege der Loire, sondern näher den Pyrenäen, demnach
etwa über Burdigala und die Mündung der Garonne, auf dem
er zugleich am frühesten an den Ocean gelangte. Denn nach
Strabo 3, 148 Cas.[9] hat sich Pytheas über die nördlichen Theile
Spaniens in einer Weise geäussert, die kaum etwas Anderes
sein kann als eine Vergleichung der beiden bei Vermeidung des
Durchweges durch Spanien möglichen Wege aus dem nördlichen Spanien nach der Südküste, nämlich des Landweges durch
Gallien und des Seeweges den Ocean hinab und durch die Strasse
von Gibraltar herein in das mittelländische Meer. Denn er scheint
jedenfalls sagen zu wollen, wenn man bei Vermeidung des Durchweges (δίοδος) durch Iberien auf einem Wege, bei dem man

an dem Lande, ohne es zu berühren, vorbei und an demselben hin komme (παρά), an die Südküste wolle, so hätten die nördlichen Theile einen bessern solchen Beiweg an Iberien hin zu Lande (πάροδος) auf der Seite nach Gallien zu, d. h. nach der Gegend von Bayonne und dann östlich von den Pyrenäen hin, als ihn diejenigen hätten, welche von dort den Ocean entlang Spanien umschiffen (πλέουσι) wollten, — eine Bemerkung, die für Handelsbeziehungen der südgallischen Küstenstädte mit der spanischen Nordküste berechnet sein möchte. Wenn wir nun, wie anderwärts, so hier voraussetzen, dass Pytheas in seinen Bemerkungen eben seine Reiseerfahrungen niedergelegt habe, so werden wir zu schliessen haben, dass er sich von der Natur beider Wege selbst persönlich überzeugt habe, also sowohl den Weg durch Gallien östlich von den Pyrenäen als den Weg längs der Oceanküste Spaniens wenigstens so weit gemacht habe, um beide Strassen beurtheilen zu können. Da er nun die ganze europäische Oceanküste auf dem Rückwege begangen haben soll, und folglich auch den Weg um Spanien längs der Parokeanitis herum auf dem Rückwege geprüft haben würde, so würde er den andern Umgehungsweg Spaniens, nämlich den Landweg im Osten der Pyrenäen, auf der Reise in den Norden eingeschlagen haben, und er müsste diese Reise dann wohl auch so eingerichtet haben, dass sie ihn in den Stand gesetzt hätte, diesen andern Weg an Iberien hin, also quer durch Gallien, wo es am schmalsten ist, zu beurtheilen.

So dürftig und schwerverständlich also auch die Fragmente des Pytheas sind, so reichen sie doch aus, um uns ziemlich bestimmte Umrisse von seinen Reisen zu geben und zugleich einen wohlberechneten Reiseplan in denselben erkennen zu lassen. Er reiste also zuerst, und zwar in dem hier wegen seiner Milde die Reise gestattenden Winter, von Massilien aus, muthmasslich über die Garonnemündung (Tolosa, Burdigala) nach der Loiremündung (Korbilo), ging von da nach der Nordküste Galliens, muthmasslich nach dem innersten Winkel des die normannischen Inseln einschliessenden Meerbusens und setzte von hier aus, entweder unmittelbar von dieser Ecke dieses Meerbusens aus oder von der Nordspitze der den Meerbusen östlich begrenzenden Halbinsel, nach der südwestlichen Ecke Britanniens (Zinnregion) über. Durch Britannien zog er sich im Allgemeinen demnach von Westen nach Osten, um von da aus in den höhern europäischen Norden zu gehen. Da wir von ihm nun auch Nachrichten über das Bernsteinland und speciell über Basilia haben, so fuhr er unstreitig von einem Punkte der britannischen Ostküste und wahrscheinlich direkt nach der Eidermündung ab. War, wie es sich von selbst versteht, seine Reise so berechnet, dass er von Britannien aus im Frühjahr, nach den Aequinoctialstürmen und nach aufgegangener Schifffahrt, abfuhr, so konnte es ihm an Gelegenheit, direkt durch die Nordsee nach dem Bernsteinlande zu kommen, nicht fehlen, weil zugleich um diese Zeit *(veris tempore)* der meiste Bernstein gefunden und dadurch der Seeverkehr mit dem Bernsteinlande besonders belebt war. Im Bernsteinlande reiste er bis Abalus, also die Nordereider (Treene), die Schlei, und sodann die Ostküste der Cimbern (Schleswig) und Guttonen (Jütland) bis Aarhuus und Ebeltoft, hinauf. Von seiner weitern Reise müssen wir vorläufig noch schweigen. Nur musste sie so berechnet werden, dass er in dem höchsten Norden im höchsten Sommer war, um noch vor Herbst aus den nördlichen Regionen zurück und im Winter schon wieder im Süden, wo möglich jenseit der Pyrenäen, zu sein. Da er auf dem Rückwege die ganze europäische Oceanküste bereist haben soll, so haben wir uns ihn, er mag hergekommen sein woher er will, im Herbst jedenfalls wenigstens in der Nähe der Elbmündung zu denken, von welcher er nun einfach die Küste herab jedenfalls wohl bis zur Seinemündung ging. Von hier ab wird es unsicher, wie seine Strasse gegangen sein mag. Erst der Eintritt nach Spanien am Nordabhange der Pyrenäen war ihm wieder vorgezeichnet, deshalb aber auch die Richtung auf Burdigala, wo sich also seine Strasse mit derjenigen, die er auf dem Wege in den Norden eingeschlagen hatte, vermuthlich kreuzte. Nur über die Strecke zwischen der Seinemündung und Garonnemündung fehlt es an Anhaltepunkten für die Richtung seiner Reise. Halten wir uns an die Angabe, dass Pytheas auf dem Rückwege die ganze Oceanküste begangen habe, so würde er auch jetzt erst, und nicht schon auf der Reise nach Britannien, die Küsten von Armorica begangen haben. Und das lässt sich auch recht wohl denken, dass Pytheas es sich auf der Hinreise in den Norden zunächst darauf ankommen liess, ohne Aufenthalt und auf geradem Wege die Zinnregion zu erreichen, und dass er sich demnach damals von Koibilo aus gerade nördlich nach dem sich gegen die Südküste Englands am weitesten hinausstreckenden Vorgebirge zwischen der Seinemündung und den normannischen Inseln begeben habe, von dessen Westküste aus die Kaufleute von Korbilo vermuthlich ihren regelmässigen Verkehr mit dem Zinnlande und den östlicher gelegenen Küsten unterhielten. Auf diesem Wege würde er dann zuletzt nach Korbilo geführt worden sein und die Strecke zwischen hier und Burdigala zum zweiten Male zu bereisen gehabt haben. Um ihn auf dieser Strecke nicht zwei Mal auf ganz dieselbe Strasse zu verweisen, liesse sich annehmen, dass er das erste Mal direkt von Burdigala nach Korbilo gegangen sei, das andere Mal von Korbilo aus sich längs der Küste gehalten oder die Reise zur See gemacht habe. Die Reise durch Spanien bis Cadix belangend, so muss er wohl seiner Angabe gemäss die Oceanküste verfolgt haben, theils weil er sich in Stand gesetzt haben muss, den Seeweg um Spanien herum mit dem östlich von den Pyrenäen zu vergleichen, theils weil er nach Strabo 1, 64 über ein vom heiligen Vorgebirge verschiedenes, grosses, nach Westen sich vorstreckendes, den Iberern (an der Südküste) gegenüberliegendes Vorgebirge, welches noch Strabo nicht anerkennen will,[10] und welches nur die grosse Nordwestecke Spaniens sein kann, berichtet hat. Dass er den ganzen Weg so zu sagen am Strande selbst hin gemacht habe, kann natürlich hiermit nicht gemeint sein sollen.

Ueber die Reise von Gades vollends bis Massilien, die uns hier überhaupt wenig kümmert, lässt sich nichts weiter sagen, über die von Massilien in den Osten nur das, dass sie einmal, vielleicht auf dem Hinwege, den Pytheas wesentlich in Anschluss an die Küsten, also nach dem Süden Italiens und mit Ueberschiffung des ionischen Meeres durch das südliche Griechenland und am ägäischen Meere hinauf geführt hat, demnach das andere Mal, also rückwärts, vermuthlich auf mehr geradem Wege, etwa von Byzanz aus, in die Heimath.

Nach dieser Zeichnung des gewiss sehr einfachen Planes folgen wir nun dem Pytheas in's Einzelne. Da es sich nicht entscheiden lässt, ob Pytheas die Erfahrungen, die er in seinen Bemerkungen über Gallien niedergelegt hat, auf der Hinreise in den Norden oder nach der Rückkehr aus demselben gemacht hat, das Letztere aber im Allgemeinen etwas wahrscheinlicher ist, weil seine ganze Reise der Erforschung Galliens am wenigsten gewidmet gewesen zu sein scheint, so beginnen wir mit den Nachrichten über Britannien, welches er auf dem Wege in den Norden besucht haben muss.

Dass Pytheas Britannien in der Zinnregion, dem heutigen Cornwall und Devonshire, betreten habe, ja dass er überhaupt nur in diesem Theile der Insel gewesen sei, lässt sich durch kein äusseres Zeugniss unterstützen. Es lässt sich nur voraussetzen, dass, indem das Zinn in dem nordischen Handel des Alterthums ein eben so wichtiger Artikel war, als der Bernstein, der Besuch des Zinnlandes dem Pytheas eben so nahe gelegen habe, als der des Bernsteinlandes, und zwar um so mehr, als er ja einmal Britannien besuchte, der Gesammtplan für seine Reise ihn aufforderte, die Insel an der Westseite zu betreten, auch gerade dort der Handel nach Korbilo herüber ihm eine gangbare Handelsstrasse verhiess, und es nicht unwahrscheinlich ist, dass die spätere Kenntniss des Zinnlandes auch durch die Mittheilungen des Pytheas erzeugt worden sei und hier nur nachherige Bestätigungen seiner Mittheilungen durch Andere es hervorgebracht haben, dass man sich in Bezug auf das Zinnland gar nicht mehr auf Pytheas berufen hat. Ob er bei dieser Gelegenheit auf den Scilly-Inseln selbst gewesen sei, wer will darüber etwas festsetzen wollen? Der Besuch von Inseln ist allemal so umständlich und zeitraubend, dass man meinen sollte, er hätte sich mit dem begnügt, was er auf der nahen Südwestecke Britanniens von ihnen erfahren konnte.

Wie hoch in den Norden Britanniens hinauf Pytheas gegangen sein möge, darüber lässt sich nichts mit Sicherheit ermitteln. Nur das möchte bestimmt anzunehmen sein, dass er nicht bis an die Nordspitze Schottlands gekommen sei. Allerdings giebt er einen Bericht über die höchste Tageslänge im nördlichen Britannien, welcher richtig genannt werden muss.[11] Aber gerade eine solche Nachricht konnte Pytheas recht wohl schon im Süden, wenigstens in der Mitte Britanniens erhalten. Auch hätte Pytheas eine eigene Erfahrung hierüber doch nur in dem Falle machen können, wenn er im höchsten Sommer hier gewesen wäre. Das anzunehmen ist aber ungemein schwer.

Denn nach Geminus Rhodius, und hier zwar nach den eigenen Worten des Pytheas selbst,[12] war er zur Zeit der längsten Tage in Gegenden, in welchen die Nächte gar nur drei und zwei Stunden lang waren, und so müsste er denn, wenn er in derselben Zeit auch in Schottland gewesen wäre, im Norden überwintert haben und somit ein Jahr mehr auf der Reise gewesen sein, als ausserdem anzunehmen nöthig ist. So viel nur darum zu übernehmen, um sich mit eigenen Augen von der Länge Britanniens zu überzeugen, ist denn doch zu viel, weil er ja nach der Länge der Tage die geographische Breite der Insel durch Berechnung finden konnte. Zudem geht aus der Not. 1 angeführten Stelle hervor, dass er den Umfang Britanniens, indem er ihn zu mehr als 40,000 Stadien, also auf etwa 1000 geograph. Meilen schätzt, weit überschätzt habe, was gar nicht möglich gewesen wäre, wenn er sich über Länge und Breite der Insel selbst durch Augenschein belehrt hätte. Diese übertriebene Angabe des Umfanges würde sich gerade als Produkt einer Berechnung aus der im Süden des Landes durch Erfahrung erkannten Breite und aus der aus der verschiedenen Länge der Tage im äussersten Süden und äussersten Norden geschlossenen Länge des Landes betrachten lassen, bei welcher der äusserste Norden als eben so breit genommen worden wäre, als der äusserste Süden, woraus dann hervorginge, dass er sich von der Unrichtigkeit seiner Ansicht über die Breite des Nordens nicht durch Erfahrung überzeugt hätte. Eben weil Pytheas durch Erfahrung wusste, dass die Insel am südlichen Ende sehr breit sei und nach der Mitte zu immer schmaler werde, schloss er vielleicht in Bezug auf die ihm nur von Hörensagen bekannt gewordene Nordhälfte, dass diese sich von der Mitte der Insel ab in demselben Masse wieder verbreitere. Nach der eben citirten Stelle Not. 1 nämlich hatte Pytheas auch gesagt: ὅλην μέντοι Βρετανικὴν ἐμβατὸν ἐπελθεῖν. Diese von Polybius oder seiner Quelle freilich wohl abscheulich leichtsinnig behandelte Aeusserung des Pytheas kann nur nach Tacitus Agrikola Kapitel 10 beurtheilt werden, wo es heisst: *Formam totius Britanniae Livius veterum, Fabius Rusticus recentium eloquentissimi auctores, oblongae scutulae vel bipenni assimilavere.* Es ist hier nämlich von Britannien κατὰ τὴν μόρφην die Rede, und ἐπελθεῖν muss in der Bedeutung von nahe kommen, *prope accedere alicui*, ἐγγὺς ἐλθεῖν τινος genommen werden Ἐμβατόν aber ist s. v. a. ἐμβατή oder ἔμβασις, nämlich Badewanne, vielleicht auch ein anderes langes, an beiden Enden breites und in der Mitte schmales Gefäss, wie heutzutage manche Arten von Körben. Wie er sich die Gestalt gedacht hat, ist daraus zwar immer noch nicht klar. Da aber Britannien im Süden breit ist und nach und nach schmal wird, auch in der That im Norden wieder etwas breiter wird, so liesse sich denken, dass er dieses gehört und nur die Breite im Norden sich übertrieben gross vorgestellt hätte, wie denn auch eine zum Baden recht raffinirt geeignet eingerichtete Badewanne wohl wirklich so geformt sein müsste, dass sie am obern Ende den Armen, am untern den Beinen den grössten Spielraum gewährte, in der Mitte aber sich näher an den Leib schlösse. Und in der Bezeichnung dieser oben und unten breiten und in der Mitte schmalen Form, auf welche etwa auch das griechische ἀμφίθετος, ἀμφικύπελλος hinausliefe, liesse sich der Ausdruck vielleicht mit *scutula* und *bipennis* vergleichen, jedenfalls aber aus der Angabe des Umfanges und der Gestalt der Insel der Schluss ziehen, dass er die Nordhälfte der Insel nicht mit eigenen Augen gesehen habe. — Als sichern Beweis dafür, dass Pytheas im nördlichsten Theile Britanniens, also oberhalb Irlands, nicht gewesen sei, betrachten wir seine von Plinius aufbewahrte Angabe, dass oberhalb Britanniens die Fluth achtzig Ellen *(cubitus)* hoch steige.[13] Man mag sich den *cubitus* so klein vorstellen, wie man will, so bleibt diese Angabe um das Doppelte und Dreifache übertrieben, da die Höhe der Fluth den zuverlässigsten Angaben gemäss an den Küsten des nördlichen Schottlands nur um zwanzig Fuss beträgt. Dagegen sind in dieser Gegend des Meeres die stärksten Fluthen gerade im Süden, nämlich am Eingange in den Georgs-Kanal, besonders bei Liverpool, und namentlich auch an der gegenüberliegenden französischen Nordküste, ohne jedoch auch hier irgendwo die von Pytheas angegebene Höhe nur annäherungsweise zu erreichen.[14] Man kann sich die Angabe des Pytheas also nur so erklären, dass er irgendwo an der Südseite Britanniens, von der verhältnissmässig bedeutenden Höhe der Fluth überrascht, die Nachricht erhielt, dass diese Fluthhöhe weiter nördlich hinauf immer mehr steige, was allerdings seine Richtigkeit hat, so weit der Georgs-Kanal

— 93 —

reicht, innerhalb dessen, weil die Fluth von Süden und von Norden zugleich in denselben eindringt, das Wasser sich aufstauen muss, aber oberhalb dieses Kanals sogleich durchaus nicht mehr gilt. Pytheas mag gemeint haben, dass dieses Zunehmen der Fluthhöhe bis an die Nordseite von Schottland sich fortsetze, und mag sich dann ausgerechnet haben, dass, wenn das Zunehmen in gleichem Verhältnisse fortgehe, im äussersten Norden Schottlands die Fluthhöhe endlich 80 cubiti betragen müsse. — Dagegen ist es für uns um so gewisser, dass Pytheas, wenn er überhaupt und irgendwo in Britannien gewesen ist, auf der Südostecke der Insel, in der heutigen Grafschaft Kent gewesen sei. Allerdings hatte er die auffallende Angabe,[15] dass dieses Kent (Κάντιον) einige Tagefahrten weit von Celtika abliege. Die einfachste Annahme ist hier wohl die, dass Pytheas hier nicht von dem nächsten gegenüberliegenden Punkte Galliens sprach und vermuthlich die Mündungen des Rheins dabei im Sinne hatte. Gleich vorher nämlich giebt Strabo seine eigene Meinung dahin ab, dass Britannien an der Südküste ganz eben so lang sei als Celtika, dergestalt, dass im Osten Kent und die Rheinmündungen einander so nahe gegenüberliegen, dass man eine Küste von der andern aus sehen könne. Dieser seiner eigenen Meinung stellt er nun die dies leugnende Angabe des Pytheas gegenüber, die sich hiernach zu urtheilen also wahrscheinlich ebenfalls auf das Verhältniss von Kent und den Rheinmündungen, nicht auf die schmalste Stelle des Kanals, bezog, und nur für Strabo, nicht für Pytheas, waren die Rheinmündungen der der Küste von Kent nächstgelegene Punkt Galliens. Am einfachsten anzunehmen erscheint es uns, dass Pytheas von Britannien überhaupt nur diese Südküste bereist oder doch wenigstens nicht allzuweit sich von derselben entfernt habe, und dass er von diesem für die Betreibung der Schifffahrt zwischen dem Bernsteinlande und dem Süden ausgesucht günstig gelegenen Vorgebirge Kent aus mit Schiffern, welche den Verkehr des Bernsteinlandes mit dem Südwesten unterhielten, längs der germanischen Küste dem Bernsteinlande zugesegelt sei, wo er dann von hier bis zu den Rheinmündungen sehr leicht wohl einige Tage gebrauchen mochte. Freilich scheint dem die wahrhaft enorme Angabe des Pytheas entgegenzustehen, dass die Länge Britanniens mehr als 20,000 Stadien betrage, was Strabo offenbar von der Länge der Südküste verstanden hat. Die geographische Meile zu 40 Stadien berechnet, würde das eine Länge von 500 Meilen betragen. Aber dieses ist so exorbitant, dass sich gar nicht begreifen lässt, wie Strabo es nur für möglich gehalten haben kann, dass ein Mensch dieses habe sagen wollen. Zu Grunde müssen wohl Angaben des Pytheas über Britannien liegen, die, wenn sie Strabo mit seiner eigenen Ansicht von der Gestalt der Erde vereinigen sollte, der Insel diese ungeheure Länge geben würden. Soll man hierüber etwas vermuthen, so könnte es Folgendes sein. Die Südwestecke Britanniens liegt unter dem zwölften, die Scilly-Inseln sogar unter dem elften Grade östlicher Länge, folglich unter gleichem Meridian mit der Strasse von Gibraltar und mit Cadix. Strabo hat durchaus keine Vorstellung von dem Biscayischen Meerbusen und von einer durch denselben gebildeten westlichen Küste Frankreichs, sondern für ihn läuft die Parokeanitis Galliens im Allgemeinen von Osten nach Westen fort, wodurch sie natürlich ungemein lang ausfällt. An das so geformte Gallien im Westen nun auch noch Spanien gedacht, giebt eine noch grössere Ausdehnung nach Westen. Wenn nun Pytheas etwa an einer Stelle sagte, das Westende der britannischen Südküste und die Zinninseln reichen so weit nach Westen, dass sie gerade nördlich über den westlichsten Punkten Spaniens lägen, und das Ostende derselben dem Rhein ziemlich gegenüber, so musste das bei der Strabonischen Erdansicht und bei Nichtberücksichtigung der Kugelgestalt der Erde für die Südküste Britanniens eine Länge geben, die der Länge der ganzen nördlichen Continentalküste vom Rheine bis in den Westen Spaniens gleichkommen würde. Wer kann nun wissen, wie sich Pytheas vielleicht noch über die Ostküste Britanniens ausdrückte (z. B. etwa, dass sie noch den Wenden und Gothen, nämlich im Norden der cimbrischen Halbinsel und in Skandinavien, gegenüberläge), so dass sie dem Strabo bei seiner Erdansicht, die einmal keine Ausdehnung nordwärts zuliess, über der Nordkante Europa's dahin bis an die Weichsel hin sich erstrecken zu müssen scheinen mochte. Allerdings konnte dann Strabo urtheilen, dass den Pytheas'schen Angaben nach die Länge Britanniens 20,000 Stadien betragen müsse. Wir werden übrigens weiter unten sehen, dass Pytheas von Britannien allerdings auch bisweilen in einer Weise gesprochen haben mag, als verstehe er darunter überhaupt alles das durch das nördliche Meer vom europäischen Continente abgetrennte Land.

Wir nehmen also an, Pytheas sei mit britischen Bernsteinschiffern von Kent aus über den Kanal und die deutsche Nordseeküste herauf nach der Eider gefahren, mag er nun lediglich an der Südseite Britanniens hingegangen sein oder sich aus etwas höherm Norden zurück nach Kent gezogen haben. Denkt man sich die Lage der alten Küstenschiffer ungefähr wie die unserer heutigen Flussschiffer, die die Nacht über nicht fahren, und ermisst man die Störungen, welche die Küstenfahrt im Ocean durch die Ebbe erlitt, so ist es glaublich, dass er von Kent bis zum Rhein vier Tage gebrauchte.

Ueber den Weg, auf welchem Pytheas das Bernsteinland durchzog, haben wir nichts weiter zu sagen. Er zog jedenfalls die Strasse, welche der Handel hier gebahnt hatte, von der Eider entweder längs der Treene direkt nach der Schlei, oder längs der Eider, und dann an der Ostseeküste in den Norden. Kurz, wir haben ihn zuletzt in Abalus, oberhalb des kleinen Beltes, verlassen. Von der Reise nach und von Thule vorläufig absehend, wenden wir uns sogleich zur Besprechung der Rückreise. Aus Thule und andern mit dieser Insel in Zusammenhang zu denkenden Gegenden zurückgekehrt, bereiste er die ganze Oceanküste Europa's. Wir versetzen ihn demnach zunächst an die Elbmündung, wo er aus dem höhern Norden jedenfalls zuletzt angekommen sein muss, er mag übrigens hergekommen sein, woher er will.

Diese Rückreise längs der Oceanküste berühren hauptsächlich die Bemerkungen Strabo's: „die Gegenden um die Ostiäer und die jenseit des Rheins bis zu den Scythen seien von Pytheas alle erlogen." Und weiterhin: „zu der Ausdehnung Europa's sei nach Pytheas noch hinzurechnen eine Krümmung Europa's den Iberern entgegengesetzt nach Westen hinaus nicht geringer als dreitausend Stadien, auch die übrigen Vorgebirge sowohl als das der Ostidamnier, welches Kalbion heisse, und die Inseln um dasselbe, deren letzte, Uxisame, drei Tagefahrten von Kalbion abliege. Diese aber lägen gegen Mitternacht und wären celtisch, nicht aber iberisch, vielmehr Erdichtungen des Pytheas."[16] Die Gegenden jenseit des Rheins bis zu den Scythen sind es hier zuerst, von welchen Strabo nichts wissen will. Dass es östlich vom Rhein bis zu den Scythen Gegenden gäbe und viele Gegenden gäbe, konnte Strabo gar nicht leugnen wollen, denn Europa musste sich doch auch nach Strabo's Ansichten nach Osten zu fortsetzen und an Asien anschliessen. Also was für Gegenden können dies sein? Wir sehen hier deutlich den Widerstreit der Nachrichten des Pytheas mit der Ansicht des Strabo. Nach Letzterm läuft die Nordgrenze Europa's von der Rheinmündung wesentlich gerade nach Osten fort und identificirt sich mit der deutschen Ostseeküste. Hätte also Pytheas von Gegenden, die von den Rheinmündungen an östlich bis dahin, wo Strabo Scythen statuirt haben würde, lägen, gesprochen, so würde Strabo nichts haben einwenden können. Nur die starke Biegung der deutschen Nordseeküste nach Norden hinauf und noch mehr die an dieselbe sich anschliessende cimbrische Halbinsel erkannte Strabo einmal nicht an, und so wusste er die Länder und Völker, welche Pytheas in dieser Richtung aufzählte, auf seiner kurz abgeschnittenen Nordküste bis zu seinen Scythen nicht unterzubringen. Folglich waren sie erdichtet. Hieraus also geht deutlich hervor, dass die Gegenden, von welchen Pytheas hier sprach, das vom Rhein ab nördlich gelegene Land waren. Die Scythen, welche Pytheas miterdichtet haben sollte, waren daher auch jedenfalls die Bewohner des Raunonia genannten Scythiens, von welchem, unbezweifelt nach Pytheas, Timäus sprach. Vollkommen mit diesem seinem Urtheile gerade über die hier von Pytheas statuirten Länder stimmt Strabo in so fern überein, als er auch sonst in seinem ganzen Werke nicht ein einziges Mal sich die Mühe nimmt, von dem für ihn miterlogenen Bernsteinlande zu sprechen. Bestimmter in einen fabelhaften Norden, d. h. in eine nördliche Region, für die es auf der Strabonischen Landkarte keinen Platz gab, gleich den Rhipäischen Bergen, den Hyperboreern und Andern, verlegt Strabo das, was Pytheas erlogen haben soll, Strabo 7, 295[16b] Cas., wobei er sagt, dass dieses Erlogene die Oceanküste betroffen haben soll. Nun wissen wir aber, dass zu diesen Berichten auch der über das 6000 Stadien lange Oceanästuarium der Guttonen gehörte, und da Pytheas die Ostsee gewiss nicht Ocean genannt hat, so kann das angeblich Erlogene jenseit des Rheins nur die hier nordwärts bis weit über die Elbe hinauslaufende Oceanküste sein, von welcher die Rede ist, und die Pytheas auf dem Rückwege bereiste. — Eben so sollen die Gegenden um die Ostiäer von Pytheas erlogen sein. Die Ostiäer haben wir also ebenfalls an einer Stelle zu suchen, welche nicht in die geographische Ansicht Strabo's passte, also wohl auf einer in's Meer hervorragenden Halbinsel oder Landzunge, statt deren die Strabonische Geographie nur eine glatt weggeschnittene Küste hatte. Wir sind demnach vorzugsweise auf die Nordwestecke Galliens, Armorica, angewiesen. In diese Gegend ungefähr verweist sie auch die Reihenfolge, in welcher sie Strabo neben Britannien erwähnt und erst darauf die Rheinmündungen folgen lässt. Nach Stephanus Byz. sub voc. Ὠστίωνες sind die Ostiäer des Pytheas identisch mit den Ostionen und mit den Kossinern des Artemidor und wohnen am westlichen Ocean,[17] was sie, streng genommen, schon zu Anwohnern der Westküste von Armorica machen würde, aber auch recht wohl noch auf die immer noch mit dem britannischen Südwesten unter gleicher geographischer Länge liegende Nordküste derselben passt. Besonders aber fordert der Name der Ostidamnier auf, sie hierher zu verlegen, welcher jedenfalls ein aus Ostier und Damnier zusammengesetzter Name ist und ein Misch- und Uebergangsvolk zwischen Ostionen und Damniern bezeichnet. Damnonii heissen aber die Bewohner des Südwest-Endes von Britannien, also des heutigen Cornwall und des alten Zinnlandes, und ein Mischvolk von ihnen haben wir vor Allem in der Bretagne und Normandie zu suchen, wo die späteren (im dritten Jahrh.) notorischen Einwanderungen von der gegenüberliegenden britischen Küste aus noch frühere Verwandtschaft mit diesen Briten voraussetzen lassen. Wenn nun Osti-Damnier hier auf einem Vorgebirge, Namens Kalbion, wohnen, so kann dieses Vorgebirge kein anderes sein, als die zwischen den normannischen Inseln und der Seinemündung gegen Norden gerade auf die Zinnregion los sich erstreckende Landzunge, von deren Küste unstreitig Pytheas nach Britannien übersetzte. Wie nirgends ein Mischvolk von Damnoniern geeigneter angenommen werden kann, als auf dieser Brücke nach England, so scheint sich auch noch der Name Kalbion in dem Namen der meilenlangen Klippenreihe erhalten zu haben, welche von der Ostseite der Landzunge längs der Küste nach der Seinemündung hin läuft und dem umliegenden Departement den Namen gegeben hat, nämlich Calvados. Diesen allerdings spanisch klingenden Namen soll diese Klippenreihe zwar erst davon erhalten haben, dass ein spanisches Schiff dieses Namens an derselben gescheitert sei. Das scheint aber eine sehr unglückliche Erklärung zu sein, weil, wenn eine so lange Klippenreihe von jedem an ihr scheiternden Schiffe den Namen bekommen sollte, sie wohl hundert Namen haben müsste. Die bei diesem Vorgebirge liegenden Inseln würden demnach zunächst die heutigen normannischen Inseln sein, und von hier aus gerechnet würde es sehr gut passen, dass die letzte von ihnen Uxisame (Ouessant) drei Tagefahrten entfernt sein soll. Die Ostionen oder Ostiäer würden wir also unterhalb dieser Landzunge verlegen und in dem Ausdrucke τὰ περὶ τοὺς Ὠστιαίους eine Bezeichnung der Halbinsel Armorica selbst finden, von deren Dasein Strabo, weil sie seine Ansicht von der Gestalt der europäischen Nordküsten stört, nichts wissen will. Ebendahin gehören also auch die Timier des Pytheas, welche Strabo mit den Osismiern identificirt.[18] Ist diese Identification richtig, so müssen sie schon an die Westkante der Halbinsel verlegt werden.[18b]

Das Wenige, welches von der Reise durch Spanien zu sagen ist, haben wir schon oben gesagt. Die Fragmente des Pytheas erwähnen von dem Lande die Nordküste, die Nordwestecke [19] und die Strecke von Gades bis zum heiligen Vorgebirge.[20] Es ist natürlich, dass Pytheas diese Vorgebirge, welche die Gestalt Europa's markiren, vorzugsweise besuchte.

Anmerkungen.

[1] Strab. 2, 104 Cas.: Πολύβιος δὲ τὴν Εὐρώπην χωρογραφῶν τοὺς μὲν ἀρχαίους ἐᾶν φησί, τοὺς δ' ἐκείνους ἐλέγχοντας ἐξετάζειν Δικαίαρχόν τε καὶ Ἐρατοσθένη τὸν τελευταῖον πραγματευσάμενον περὶ τῆς γεωγραφίας καὶ Πυθέαν, ὑφ' οὗ παρακρουσθῆναι πολλούς· ὅλην μέντοι Βρεταννικὴν ἐμβατὸν ἐπελθεῖν φάσκοντος, τὴν δὲ περίμετρον πλειόνων ἢ τεττάρων μυριάδων ἀποδόντος τῆς νήσου. προσιστορήσαντος δὲ καὶ τὰ περὶ Θούλης καὶ τῶν τόπων ἐκείνων, ἐν οἷς οὔτε γῆ κατ' αὐτὸν ὑπῆρχεν ἔτι, οὔτε θάλαττα, οὔτ' ἀήρ, ἀλλὰ σύγκριμά τι ἐκ τούτων πλεύμονι θαλαττίῳ ἐοικός, ἐν ᾧ φησὶ τὴν γῆν καὶ τὴν θάλατταν αἰωρεῖσθαι καὶ τὰ σύμπαντα, καὶ τοῦτον ὡς ἂν δεσμὸν εἶναι τῶν ὅλων, μήτε πορευτὸν μήτε πλωτὸν ὑπάρχοντα. τὸ μὲν οὖν τῷ πλεύμονι ἐοικὸς αὐτὸς ἑωρακέναι, τἆλλα δὲ λέγειν

ἐξ ἀκοῆς. Ταῦτα μὲν τὰ τοῦ Πυθέου καὶ διότι ἐπανελθὼν ἐνθένδε πᾶσαν ἐπέλθοι τὴν παρωκεανῖτιν τῆς Εὐρώπης ἀπὸ Γαδείρων ἕως Τανάϊδος. Φησὶ δ' οὖν ὁ Πολύβιος ἄπιστον καὶ αὐτὸ τοῦτο, πῶς ἰδιώτῃ ἀνθρώπῳ καὶ πένητι τοσαῦτα διαστήματα πλωτὰ καὶ πορευτὰ γένοιτο; τὸν δ' Ἐρατοσθένη διαπορήσαντα, εἰ χρὴ πιστεύειν τούτοις, ὅμως περί τε τῆς Βρετανικῆς πεπιστευκέναι καὶ τῶν κατὰ Γάδειρα καὶ τὴν Ἰβηρίαν· πολὺ δέ φησι βέλτιον τῷ Μεσσηνίῳ πιστεύειν ἢ τούτῳ. Ὁ μέντοι γε εἰς μίαν χώραν τὴν Παγχαίαν λέγει πλεῦσαι· ὁ δὲ καὶ μέχρι τῶν τοῦ κόσμου περάτων κατωπτευκέναι τὴν προσάρκτιον Εὐρώπην πᾶσαν.

² ὅθι τ' ἄκμονες Ἡφαίστοιο ἐν τῇ Λιπάρᾳ καὶ Στρογγύλῃ, ἐκ τῶν Αἰόλου δὲ νήσων αὗται, δοκεῖ ὁ Ἥφαιστος διατρίβειν. Δι' ὃ καὶ πυρὸς βρόμον ἀκούεσθαι καὶ ἦχον σφοδρόν. Τὸ δὲ παλαιὸν ἐλέγετο, τὸν βουλόμενον ἀργὸν σίδηρον ἐπιφέρειν καὶ ἐπὶ τὴν αὔριον ἐλθόντα λαμβάνειν ἢ ξίφος, ἢ εἴ τι ἄλλο ἤθελε κατασκευάσαι, καταβαλόντα μισθόν. Ταῦτα φησὶ Πυθέας ἐν γῆς περιόδῳ, λέγων καὶ τὴν θάλασσαν ἐκεῖ ζῆν.

³ Strab. 3, 148 Cas.: Ἐρατοσθένης δὲ τὴν συνεχῆ τῇ Κάλπῃ Ταρτησσίδα καλεῖσθαί φησι καὶ Ἐρυθείαν νῆσον εὐδαίμονα. Πρὸς ὃν Ἀρτεμίδωρος ἀντιλέγων καὶ ταῦτα φησὶ ψευδῶς λέγεσθαι ὑπ' αὐτοῦ, καθάπερ καὶ τὸ ἀπὸ Γαδείρων ἐπὶ τὸ ἱερὸν ἀκρωτήριον διάστημα ἀπέχειν ἡμερῶν πέντε πλοῦν, οὐ πλειόνων ὄντων ἢ χιλίων καὶ ἑπτακοσίων σταδίων. καὶ τὸ τὰς ἀμπώτεις μέχρι δεῦρο περατοῦσθαι, ἀντὶ τοῦ κύκλῳ περὶ πᾶσαν τὴν οἰκουμένην συμβαίνειν. καὶ τὸ τὰ προσαρκτικὰ μέρη τῆς Ἰβηρίας εὐπαροδώτερα εἶναι πρὸς τὴν Κελτικὴν ἢ κατὰ τὸν ὠκεανὸν πλέουσι· καὶ ὅσα δὴ ἄλλα εἴρηκε Πυθέᾳ πιστεύσας δι' ἀλαζονείαν.

⁴ An einer Stelle (s. Not. 1) der Fragmente des Pytheas ist genau unterschieden zwischen dem, was er mit eigenen Augen gesehen, und dem, was er nur durch Hörensagen erfahren hat. Auch in der Nachricht über die äolischen Inseln selbst zeigt der Ausdruck ganz deutlich, dass Pytheas nur Gehörtes wiedergeben wollte, wie wer jetzt in den Harz oder das Riesengebirge reist, die Blocksbergs- und Rübezahlgeschichten wiedererzählt, die er dort gehört hat. Dass er bei solchen Erkundigungen hier und da wunderliche Dinge hörte oder seinerseits Angaben nicht recht richtig zu deuten wusste, und dass wieder seine Angaben von Andern noch mehr entstellt wurden, darüber giebt die Vergleichung namentlich von Geminus Rhodius elem. astron. c. 5 und Cosmas Indopl. l. 2 (ed. Montfauc. II, 149) einen hübschen Beleg. Nach Ersterem zeigten die Barbaren ʼim hohen Norden dem Pytheas endlich Gegenden, wo (natürlich wie sie es entweder nur in roher bildlicher Sprache oder wegen beschränkter Vorstellungsweise ausdrückten und Pytheas es verstand) ὁ ἥλιος κοιμᾶται. Der Letztere macht daraus, sie hätten ihm gezeigt τὴν ἡλίου κοίτην, was eine schon weit fabelhaftere Vorstellung zu erwecken geeignet ist.

⁵ Ueberhaupt ist gar keine Gewähr dafür da, dass bei dem Namen Tanais an den Fluss dieses Namens und nicht vielmehr an die gleichnamige bedeutende Handelsstadt auf der europäischen Seite seiner Mündung gedacht sei. Schon das Fehlen des Artikels vor dem Worte macht es eigentlich um etwas wahrscheinlicher, dass an die Stadt gedacht sei, mehr

noch der Gegensatz zu Gades, welches ebenfalls der Name einer bedeutenden Handelsstadt ist. Wenn man sonst in dieser Ausdrucksweise zunächst an den Fluss und nicht an die Stadt denkt, so rührt dies daher, dass Tanais den Herkulessäulen gegenübergestellt ist, und man also voraussetzt, dass dem einen Naturgegenstande gegenüber auch das Correlat ein Naturgegenstand sei und man also, durch das Eine vorbereitet, bei dem Andern unwillkührlich zunächst an den Fluss denkt. Wenigstens müsste man doch zugeben, dass es gleichgültig gelassen sei, ob man an den Fluss oder an die Stadt denken wolle, und dass dies eben nur daran läge, dass an eine Gegend gedacht sei, bei welcher es in der That gleichgültig ist, woran von beiden man denken will, nämlich an die Tanaismündung.

6 Wenn Polybius die Schrift oder Schriften des Pytheas unmittelbar vor sich hatte, so begreift es sich allerdings schwer, wie ein Mann wie Polybius die Gedanken des Pytheas so mangelhaft wiedergeben konnte, wie es auf seine Autorität hin in dieser Stelle des Strabo geschieht.

7 Nach Geminus Rhodius. a. a. O. scheint Pytheas im Norden wirklich Begleiter gehabt zu haben, denn es heisst dort mit den eigenen Worten des Pytheas: ὅτι ἐδείκνυον ἡμῖν οἱ βάρβαροι, ὅπου ὁ ἥλιος κοιμᾶται.

8 Vielleicht ist es diese Erwägung gewesen (denn in Kopenhagen kann man ebenfalls durch eigene Anschauungen darüber belehrt werden, was eine Seereise zu bedeuten hat), in Folge welcher Pytheas in P. F. Suhms Udtog af Danmarks, Norges og Holstens Historie zu einem græsk Kiöbmand gemacht worden ist. Muss man auch wohl annehmen, dass Pytheas bei seiner Reise auf die durch Handel und Verkehr gebahnten Strassen angewiesen gewesen ist, mögen sogar die Handelsbeziehungen der Massilier mit dem Norden ihn angeregt haben, die Ursprungsländer der nordischen Handelsartikel kennen zu lernen, und dies vielleicht sogar im Interesse des massilischen Handels, so giebt doch keins der vorhandenen Fragmente des Pytheas die entfernteste Veranlassung, einen Kaufmann in ihm zu vermuthen.

9 s. Not. 3.

10 .... δεῖν δὲ ἔτι προσθεῖναι τὸ ἐκτὸς τῶν Ἡρακλείων στηλῶν κύρτωμα τῆς Εὐρώπης, ἀντικείμενον μὲν τοῖς Ἴβηρσι, προπεπτωκὸς δὲ πρὸς τὴν Ἑσπέραν, οὐκ ἔλαττον σταδίων τρισχιλίων· καὶ τὰ ἀκρωτήρια τά τε ἄλλα καὶ τὸ τῶν Ὠστιδαμνίων, ὃ καλεῖται Κάβιον, καὶ τὰς κατὰ τοῦτο νήσους, ὧν τὴν ἐσχάτην Οὐξισάμην φησὶ Πυθέας ἀπέχειν ἡμερῶν τριῶν πλοῦν. Ταῦτα δ' εἰπὼν τὰ τελευταῖα οὐδὲν πρὸς τὸ μῆκος συντείνοντα προσέθηκε τὰ περὶ τῶν ἀκρωτηρίων, καὶ τῶν Ὠστιδαμνίων, καὶ τῆς Οὐξισάμης, καὶ ὧν φησὶ νήσων. ταῦτα γὰρ πάντα προσαρκτικά ἐστι, καὶ Κελτικά, καὶ οὐκ Ἰβηρικά, μᾶλλον δὲ Πυθέου πλάσματα.

11 Strab. 2, 75· Cas.: Οὗτος (näml. Hipparch) δὲ Πυθέᾳ πιστεύων, κατὰ τὰ ἀρκτικώτερα τῆς Βρετανικῆς τὴν οἴκησιν ταύτην τίθησι, καί φησιν εἶναι τὴν μακροτάτην ἐνταῦθα ἡμέραν ὡρῶν ἰσημερινῶν δέκα ἐννέα, ὀκτωκαίδεκα δὲ ὅπου τέτταρας ὁ ἥλιος μετεωρίζεται πήχεις· οὕς φησιν ἀπέχειν τῆς Μασσαλίας ἐννεακισχιλίους καὶ ἑκατὸν σταδίους· ὥσθ' οἱ νοτιώτατοι τῶν Βρετανῶν βορειότεροι τούτων εἰσίν.

12 Geminus Rhod. a. a. O. (s. Not. 4): τοῖς δ' ἔτι βορειοτέροις οἰκοῦσι

τῆς προποντίδος μεγίστη ἡμέρα γίνεται ὡρῶν ἰσημερινῶν ις' καὶ ἔτι τοῖς βορειοτέροις ιζ' καὶ ιη' ὡρῶν μεγίστη ἡμέρα γίνεται.

13 Plin. 2, 97, 99: *Octogenis cubitis supra Britanniam intumescere aestus, Pytheas Massiliensis auctor est.*

14 Man kann sich hiervon in den Schifffahrtsbüchern überzeugen, z. B. in Rümker's Handbuch der Schifffahrtskunde, wo die regelmässige Fluthhöhe jedes einzelnen Hafens nach den an Ort und Stelle gemachten Beobachtungen genau angegeben ist.

15 Strab. 1, 63 Cas.: Ὁ δὲ πλειόνων ἢ δισμυρίων ἀποφαίνει τὸ μῆκος τῆς νήσου, καὶ τὸ Κάντιον ἡμερῶν τινων πλοῦν ἀπέχειν τῆς Κελτικῆς φησι. Καὶ τὰ περὶ τοὺς Ὠστιαίους δέ, καὶ τὰ πέραν τοῦ Ῥήνου τὰ μέχρι Σκυθῶν πάντα κατέψευσται τῶν τόπων.

16 s. Not. 10. 15.

16b διὰ δὲ τὴν ἄγνοιαν τῶν τόπων τούτων οἱ τὰ Ῥιπαῖα ὄρη καὶ τοὺς Ὑπερβορείους μυθοποιοῦντες λόγου ἠξίωνται· καὶ ἃ Πυθέας ὁ Μασσαλιώτης κατεψεύσατο τοιαῦτα τῆς παρωκεανίτιδος, προσχήματι χρώμενος τῇ περὶ τὰ οὐράνια καὶ μαθηματικὰ ἱστορίᾳ.

17 Ὠστίωνες, ἔθνος παρὰ τῷ δυτικῷ ὠκεανῷ, οὓς Κοσσίνους Ἀρτεμίδωρός φησι, Πυθέας δ' Ὠστιαίους. τούτων δ' ἐξ εὐωνύμων οἱ Κόσσινοι λεγόμενοι Ἰιοστίωνες, οὓς Πυθέας Ὠστιαίους προσαγορεύει.

18 Strab. 4, 195. Cas.: Ἐνθένδε (näml. nach den Venetern) οἱ Ὀσίσμιοι δ' εἰσίν, οὓς Τιμίους ὀνομάζει Πυθέας, ἐπί τινος προπεπτηκυίας ἄκρας εἰς τὸν ὠκεανὸν οἰκοῦντες.

18b Am besten würden sie noch an die Nordküste der Halbinsel, den Damnoniern gegenüber, und gleich westlich und südlich von den Ostidamniern verlegt, die ungenau mit ihnen identificirten Kossiner dagegen an die Westküste. Wenn nun Pytheas unter dem Lande um die Ostiäer die von Strabo geleugnete ganze Halbinsel westlich und südwestlich von der ostidamnischen Landzunge Kalbion versteht, so würde sich daraus schliessen lassen, dass Pytheas die Halbinsel auch von Osten her, also erst auf dem Rückwege aus dem Norden, besucht habe, denn füglich konnte er die ganze Halbinsel nur darum nach den Ostiäern benennen, weil er die erste genauere Bekanntschaft mit derselben bei ihnen machte, also von Osten her sie besuchte. Die Osismier, deren Name an den der Insel Uxisame erinnert, würden sich am besten auf die der Insel Ouessant zunächst gegenüberliegende Landspitze und neben die Timier, wo nicht gar auf die Insel selbst und den Timiern gegenüber schicken.

19 s. Not. 10.
20 s. Not. 3.

Fünftes Kapitel.

Thule.

Wir gehen nun zu dem merkwürdigen Punkte der alten Geographie über, in welchem sich unsere ganze in der gegenwärtigen Schrift niedergelegte Ansicht abzuschliessen hat, nämlich zu der Insel Thule oder Thyle.[1] Um das Labyrinth von Meinungen über diesen durch die Unaufmerksamkeit der Alten verwirrten Gegenstand ganz bei Seite liegen lassen zu können, müssen wir zuerst einen von Alters her vernachlässigten Unterschied; den zu machen uns namentlich Strabo in den Stand setzt, streng in's Auge fassen, nämlich den Unterschied zwischen Thule oder Thyle'selbst und dem Lande oder den Gegenden um Thule (τὰ περὶ Θούλην). Wir haben schon oben auf den Ausdruck des Pytheas τὰ περὶ Ὠστιαίους bei Strabo aufmerksam gemacht und es als möglich bezeichnet, dass die Nichtbeachtung des Unterschiedes zwischen den Ostiäern (oder Ostionen) selbst und den Gegenden um die Ostiäer es hervorgebracht haben möge, dass Stephanus Byzant. die Ostiäer (oder Ostionen) mit den Kossinern des Artemidor identificirt, indem diese letztern wohl zu den Völkern in der Umgebung der Ostiäer und an die Westküste Galliens oberhalb der Loire gehört haben möchten, ohne die Ostiäer selbst zu sein. Ebenso haben wir den Uebelstand; dass, während Timäus, der seine Notizen über das Bernsteinland nach Plinius' Zeugnisse zum Theil, vermuthlich aber überhaupt, dem Pytheas verdankte, die Insel Basilia zu einer einzelnen Bernsteininsel macht, Pytheas selbst nach dem Zeugnisse desselben Plinius unter Basilia eine Insel von ungemessener Grösse verstanden haben soll, daraus erklärt, dass auch hier Pytheas den von Plinius nicht beachteten Unterschied zwischen Basilcia selbst und dem Lande oder den Gegenden um Basileia gemacht haben möge. Und bei dieser Gelegenheit haben wir uns bereits auf die Vernachlässigung auch des jetzt zu behandelnden Unterschiedes zwischen Thule selbst und dem Lande oder den Gegenden um Thule berufen.

Dort haben wir nun gesagt, dass erstens Strabo 2, 114 Cas.[2] berichtet, dass Pytheas nicht die Insel Thule selbst, sondern nur das Land um Thule für „das letzte" erklärt habe, woselbst der sommerliche Wendekreis mit dem arktischen Kreise zusammenfalle, und, was dasselbe heisst, im Sommer die ununterbrochenen Tage, im Winter die ununterbrochenen Nächte anfangen, und dass Cleomedes hierin mit Strabo übereinstimmt.[3] Dagegen sagt Plinius,[4] auf der Insel Thule selbst, habe Pytheas berichtet, gäbe es nicht nur ununterbrochene Tage und Nächte überhaupt, sondern sogar (was eigentlich nur unter dem Pole selbst geschieht) Tag und Nacht von je sechsmonatlicher Länge. Hierdurch widerspricht er noch dem Marcianus Capella, nach welchem Pytheas von solchen Tagen und Nächten auf der Insel Thule nur gehört zu haben behauptet hatte,[5] desgleichen den eigenen Worten des Pytheas bei Geminus Rhodius,[6] nach welchem die Barbaren dem Pytheas in Gegenden, in welchen die Nächte drei und zwei Stunden lang waren und die Cosmas Indopleustes kurz die nördlichsten Gegenden nennt, die Gegend zeigten, wo die Sonne gänzlich schlafe, woraus Cosmas macht, sie hätten ihm die Schlafstelle der Sonne gezeigt.[7] Da dieses Schlafen der Sonne, wie es sich auch von selbst versteht, sich nach Cosmas auf die ununterbrochenen Nächte bezog, so wollten die Leute damit sicher nur das Verharren im Schlafe im Gegensatz des täglichen Wechsels von Aufstehen und Niederlegen oder geradezu einen Winterschlaf der Sonne, gleich dem an den Thieren des Nordens gewohnten, bezeichnen. Daraus geht hervor, dass — um von halbjährigen Tagen und Nächten ganz zu schweigen — Pytheas nicht einmal bis dahin selbst gelangt ist, wo die ununterbrochenen Nächte anfangen, sondern dass ihm Gegenden, in welchen dies geschehe, nur aus Gegenden, in denen sich die Nächte bis auf 3 und 2 Stunden verkürzten, nur gezeigt worden sind, und diese Gegenden werden nicht Thule genannt. Es ist also sicher, dass Plinius die beiden Dinge, welche Pytheas unterschied, nämlich die Insel Thule selbst und die Gegenden um Thule, mit einander vermengt und das, was Pytheas von dem Lande um Thule berichtete, auf die Insel selbst übergetragen hat. Und dieses Missverständniss, welches, nach-

dem es erst Eine Autorität für sich gehabt, immer mehr um
sich gegriffen hat und geradezu herrschend geworden ist, hat,
im Bunde mit der verkehrten Ansicht, dass die Reise des Pytheas Seereise gewesen, die ganze Angelegenheit so verwirrt,
dass sie ganz unlösbar geworden ist. Wir sehen von den schlecht
motivirten Annahmen ganz ab und halten uns an die zwar dürftigen, aber doch zur Begründung einer bessern Annahme vollkommen ausreichenden Quellen.

Zuerst ist nun festzustellen, was unter dem Lande oder
den Gegenden um Thule (τὰ περὶ Θούλην) zu verstehen sei.
Es muss Jedem sich auf die Hand legen, dass dieses Land
nur die skandinavische Halbinsel sein kann, weil es durchaus
nichts in Europa giebt, worauf die Angaben passten. Zuerst
deutet schon der Name τὰ περὶ Θούλην ein gewisses Continuum
von unbestimmter Ausdehnung an, wie es oberhalb der Hauptmasse des europäischen Continents nun einmal keins giebt, als
Skandinavien, und in allen Stellen, welche sich auf diese Gegenden beziehen, wird niemals anders gesprochen als in dieser
Weise, indem sie genannt werden τὰ βορειότατα oder οἱ βορειότατοι τόποι. Ferner hatte Pytheas (s. Kap. 3. Not. 1) berichtet,
dass er das nördliche Europa bis an die Grenzen der Welt gesehen habe. Weder dem Pytheas, wenn er einmal im Bernsteinlande war und hier verbürgt erfahren konnte, dass es jenseit der Belte und des Kattegats noch grosse, weit in den Norden
hinaufreichende Ländermassen gäbe, auch wohl von dem Verkehre zwischen den Küsten der cimbrischen und skandinavischen
Halbinsel sich durch eigenen Augenschein zu überzeugen Gelegenheit hatte, konnte es einfallen, das nördlichste Europa und
die Grenzen der Welt diesseit des Kattegats anzunehmen, noch
hätte Polybius, wenn er nur eine Reise bis hierher verstanden
hätte, sagen können, dass man dies nicht einmal dem Hermes,
wenn er es sagte, glauben würde. Jenseit der Kattegatgrenze
aber giebt es abermals kein Land als die skandinavische Halbinsel. In dem Lande um Thule sollte aber auch nach der Not. 2
angeführten Stelle des Strabo geradezu der sommerliche Wendekreis mit dem arktischen Kreise zusammenfallen. Hiermit ist die
nördliche Breite von 66 Grad 30 Minuten gemeint, und diesen
hohen Norden erreicht Europa einmal nur im Norden der europäischen Halbinsel. — Aber auch die grosse Ausdehnung von

Norden nach Süden, welche Pytheas den Gegenden um Thule giebt, passt auf kein anderes Land als auf die skandinavische Halbinsel, besonders auf Schweden. Denn wenn das Land auf der einen Seite bis unter den Polarkreis reicht, enthält es nach den angeführten Stellen auf der andern zugleich Gegenden, in welchen die Tage 22 und 21 Stunden lang werden, was eine geographische Breite von 65 Grad 48 Minuten und 64 Grad 50 Minuten voraussetzt, eine Continuität, welche wiederum in Europa, mit Ausnahme der Insel Island, an welche aus andern Gründen nicht gedacht werden kann, nur auf der skandinavischen Halbinsel gegeben ist. Aber eine noch viel grössere Ausdehnung des Landes von Norden nach Süden wird angedeutet, so gross, dass man zuletzt sich bis in's nördliche Deutschland versetzt erblickt. In der Stelle des Strabo nämlich, welche recht eigentlich als die klassische über den Gegenstand angesehen werden kann,[8] spricht Strabo gar nicht von Thule allein, sondern in Verbindung mit andern Gegenden, die mit derselben ein Ensemble ausmachen (ἄλλοι ταύτῃ τόποι), von denen sich also gar nicht zweifeln lässt, dass sie dieselben sind, welche er in der andern Stelle τὰ περὶ Θούλην nennt, und unterscheidet von diesen Gegenden solche, welche, der gefrorenen Zone näher, von edlern Früchten und Thieren theils nichts, theils wenig haben, und in welchen die Menschen von Hirse und andern Kräutern und Früchten und Wurzeln (es darf nicht ausser Acht gelassen werden, dass der Hauptnahrungszweig der Küstenbewohner im Norden, die Fische, nicht mit aufgeführt sind, indem dies ein Fingerzeig ist, dass ihm hier keine Küstengegenden vorschweben) leben, und solche, in denen Getreide und Honig erzeugt wird, aus dem man ein Getränk bereitet; Gegenden jedoch von nicht reinem Sonnenschein, weshalb man das Getreide, welches wegen Mangel an Sonne und durch die starken Regen untauglich werden würde, in grossen Häusern drischt, in die man es zusammenführt. Hier ist also Thule im innigsten Zusammenhange erwähnt mit Gegenden, die in der Richtung von Süd nach Nord weit von einander liegend gedacht werden müssen. Strabo aber kann zu dieser engen Zusammenstellung nur durch Pytheas selbst veranlasst worden sein, welcher seinerseits diese der geographischen Breite nach so verschiedenen Gegenden in ähnlicher unmittelbarer Weise an einander reihte und in Zusammenhang mit der Insel Thule brachte. Dies würde aber nicht geschehen sein, wenn diese Gegenden selbst nicht in einem entsprechenden Zusammenhange gestanden und, etwa nordwärts und südwärts, sich an die Insel Thule angeschlossen hätten. Ein solcher Tenor von ununterschiedenen Ländern, von der Grenze der ununterbrochenen Tage und Nächte bis in Gegenden herein, die den norddeutschen so homogen erscheinen, dass wir Norddeutschland selbst geradezu abgebildet erblicken, und diese Länder doch auch wieder an eine Insel, welche an geeigneter Stelle Meer voraussetzt, angeknüpft, ist aber nur ein einziges Mal in Europa gegeben, nämlich in der Richtung von der Südhälfte der cimbrischen Halbinsel über die Belte und dänischen Inseln hinweg nach der Südhälfte von Schweden, dem alten Gothenlande.

In diese Richtung hinein verweisen uns auch die von diesen Ländern berichteten Einzelheiten mehr als in jeden andern Theil des europäischen Nordens. Die Gegenden, in welchen es keine oder wenig edle Früchte und zahme Thiere gab und die Menschen von Kräutern, Früchten und Wurzeln leben, fallen natürlich vorzugsweise noch in die skandinavische Halbinsel selbst hinein. Hier macht nur der Genuss des Hirse ($\kappa\acute{\epsilon}\gamma\chi\varrho\sigma\varsigma$) Schwierigkeit, indem der Hirse ausgemacht im südlichen Europa zu Hause ist, selbst nach Deutschland erst eingeführt ist und noch jetzt, nachdem die Cultur des Bodens das Klima Deutschlands gemildert hat, nicht einmal in Norddeutschland auf eine zum Anbaue auffordernde Weise gedeiht. Wie sollte dieser Hirse im Alterthume in Norddeutschland, vielleicht gar in Dänemark oder Schweden vorgekommen sein! Also muss dieser $\kappa\acute{\epsilon}\gamma\chi\varrho\sigma\varsigma$ eine andere diesen Gegenden diesseits und jenseits Thule angehörige Kornfrucht sein, welche der Südländer Pytheas nicht kannte, und für die er, weil sie dem im Süden bekannten Hirse am ähnlichsten war, keinen bessern griechischen Namen hatte, als $\kappa\acute{\epsilon}\gamma\chi\varrho\sigma\varsigma$. Stünde es nicht fest, dass der Buchweizen oder das Haidekorn ebenfalls eine erst im Mittelalter eingeführte fremde Pflanze sei, so könnte man versucht sein, an diesen zu denken, der sich in Jütland in einer Weise, wie kaum sonst irgendwo, zur vorherrschenden Kost erhoben zu haben scheint. Doch die gemeinte Pflanze scheint sich fast sicher bestimmen zu lassen. Als der Hirse in Deutschland eingeführt wurde, bekam er auch den Namen italienischer Schwaden, wie er auch jetzt noch hier und da genannt zu werden scheint. Also, indem man für die fremde Pflanze keinen einheimischen Namen hatte, benannte man sie nach derjenigen einheimischen Pflanze, welcher sie am ähnlichsten war, dem Schwaden. Pytheas war bei seiner Reise in den Norden in der umgekehrten Lage: er sah eine nordische Pflanze, für die er keinen griechischen Namen hatte, und nannte sie Hirse, also gleichsam nordischen Hirse. Welche Pflanze wird nun also wohl dieser nordische Hirse sein? Gewiss doch eben nur jener Schwaden selbst, nach welchem man, um seiner Aehnlichkeit mit dem Hirse willen, in Deutschland den Hirse italienischen Schwaden genannt hat.

Ueber diese in ganz Deutschland, namentlich auch in der Umgegend von Hamburg, demnach sicherlich auch in Dänemark und Schweden, vorkommende Grasart finde ich Folgendes. Seine botanischen Namen sind *Glyceria fluitans, Poa fluitans, Festuca fluitans*, seine volksthümlichen Namen Schwaden, Mannagras, Mannagrütze, Himmelsthau, auch wohl Entengras, Fench *(panicum)* und Hirsegras. Es muss übrigens bemerkt werden, dass es mehrere Gräser giebt, die einen hirseähnlichen benutzbaren Samen geben, z. B. *Milium effusum*, deutsch Hirsegras, Grashirse, Waldhirse, und *Syntherisma vulgare, Panicum sanguinale, Digitaria sanguinalis* deutsch Bluthirse, und dass das hier vom Schwaden zu Sagende von diesen andern Gräsern ebenfalls gelten mag. Der Schwaden wächst heutzutage vorzugsweise in Liefland, Litthauen, Polen, Ungarn, Schlesien, Böhmen, Preussen und in den Marken. Sein Korn ist kleiner als der Hirse, anfangs schwarz, allmälig weisslich gelb werdend. Man bereitet aus demselben die sogenannte Manna- oder Schwadengrütze, die, wie ich selbst vertreten kann, da ich sie auch in Hamburg käuflich gefunden und zu Ehren des Pytheas gekostet habe, in der vom „Hauslexicon" empfohlenen Zubereitung eine sehr angenehme und gesunde Speise abgiebt, auch zu Mehl gemahlen ein Brod von einem dem Weizengebäck ähnlichen Geschmacke liefert. Es wird auch polnisches Manna und Frankfurter (an der Oder) Grütze genannt und in Menge nach Danzig, Elbing und Königsberg ausgeführt, wo es ein beträchtlicher Handelsartikel ist. Wie es mit dem Gedeihen und der Benutzung dieser Pflanze in Schweden aussieht, darüber habe ich nichts gefunden, doch hat mir ein angesehener Botaniker auf meine Frage, welche nordische und wo möglich schwedische Pflanze wohl Pytheas mit seinem κέγχρος gemeint haben könne, augenblicklich geantwortet, es möge wohl das Hirsegras sein, welches in Schweden, wenigstens in Jahren der Missernte, als Getreidesurrogat gebraucht werde. Wenn der Artikel aus Polen und Schlesien vorzugsweise nach den preussischen Häfen ausgeführt wird, so sollte man auch meinen, dass er von diesen aus wesentlich nach Schweden verschifft würde. Da die *Glyceria fluitans* in feuchten, sumpfigen Stellen und selbst im wirklichen Schlamme wächst, so möchte sie im Alterthume in den Gegenden, in welchen es nach Pytheas „wenig Sonne und viel Regen" gab, vorzüglich gewuchert haben. —

Den Getreidebau betreffend, so möchte seine allmälige Abnahme gerade in dem Trakte vom nordwestlichen Deutschland über Dänemark nach Schweden vorzugsweise bemerkbar geworden sein. — Die Bienenzucht reicht ebenfalls in sehr ausgedehntem Massstabe durch das nordwestliche Deutschland und Dänemark bis Schweden hinauf, indem kaum irgend welche Verhältnisse die Bienenzucht mehr begünstigen möchten, als die von Hannover aus bis in den Norden sich fortziehenden Haiden. Obwohl namentlich der Seeverkehr diesen Gegenden andere Getränke zuführt, die den Methgenuss haben verdrängen müssen, und nirgends dies mehr stattfindet, als in Hamburg, so habe ich doch noch vor mehrern Jahren sogar in Hamburg Meth käuflich gefunden und möchte daher vermuthen, dass er auch noch jetzt käuflich vorkommt und in den kleinern Städten und den Dörfern dieses honigreichen Theiles von Deutschland häufiger genossen wird. Wenn aber von irgend einem Theile Europa's gesagt werden kann, es fehle an reinem Sonnenscheine und an Sonnenschein überhaupt und dagegen sei der Regen (und andere feuchte Niederschläge) häufig, so sind dies nach England gewiss die deutschen Nordseeländer, besonders die mit Dänemark und dem südlichen Schweden den Einflüssen der Nordsee und Ostsee zugleich ausgesetzten nördlichen, auf welche auch Plinius hinweist, wenn er 2, 67 sagt: *septentrionalis Oceanus maiore ex parte navigatus est auspiciis D. Augusti, Germaniam classe circumvecta ad Cimbrorum promontorium, et inde immenso mari prospecto aut fama cognito ad Scythicam plagam et humore nimio rigentia.* Natürlich, dass man hier wegen der Regen das Getreide nicht im Freien, sondern unter Dach und Fach dreschen musste. Aber gerade in grossen Häusern soll dies geschehen sein. Hier ist es nun wieder interessant zu bemerken, wie gerade in Holstein die noch jetzt übliche alte Landesbauart unverhältnissmässig grosse Bauernhäuser hat. Hier nämlich ist es Sitte, nicht für die verschiedenen landwirthschaftlichen Zwecke verschiedene Gebäude, sondern Alles, Wohnung, Stallungen, Dreschtenne und Scheune, und Wagenremise unter einem einzigen gemeinschaftlichen Dache zu haben. Wie nun alle diese Angaben über die Umgebungen Thule's auf diesen den Alten, wie sich nicht verkennen lässt, bekannt gewordenen Strich von der deutschen Nordseeküste aus über Dänemark nach Schweden hinüber hinweisen, so weist auch eine Angabe des Pytheas auf die Kattegatküste und, wie es scheint, recht entschieden auf die schwedische nördlich von Gothenburg, die Küste der Landschaft Bohus Län, hin.

Polybius in der Kap. 4 Not. 1 angeführten Stelle des Strabo erwähnt in unmittelbarstem Zusammenhange mit Thule Gegenden, in welchen nach Pytheas weder Erde, noch Meer, noch aber auch Luft, sondern eine der Meerlunge ähnliche Vereinigung aus diesen sich befinde, in welcher Erde und Meer schwebend enthalten sei, und diese Erscheinung, welche Alles gleichsam umschlungen halte, sei von der Art, dass sie sich weder zu Fusse begehen, noch zu Schiffe befahren lasse. Er setzt hinzu, dass Pytheas gesagt habe, das Lungenähnliche habe er selbst mit eigenen Augen gesehen. Das ist nun freilich ein sehr sonderbarer Bericht, aber die Meinungen, welche man über die Sache aufgestellt hat, sind zum Theil noch viel sonderbarer. Offenbar redete Pytheas hier von einem gewissen Stoffe, den man am Boden liegend und den Boden bedeckend denken muss, weil er sonst nicht hätte auf den Gedanken kommen können, zu sagen, man könne auf demselben nicht zu Fusse gehen. Die mit diesem Stoffe bedeckten Gegenden müssen ferner am Meere gedacht werden, weil er sonst nicht hätte sagen können, dieser Stoff, wie er kein Erdboden sei, sei auch nicht Meer selbst und man könne auf demselben nicht zu Schiffe fahren. Sodann beschreibt er ihn als etwas, was weder Erde noch Wasser, noch aber auch Luft genannt werden könne, sondern eine Verbindung von diesen drei Elementen allen sei. Was kann er damit sagen? Wasser ist offenbar Repräsentant der Flüssigkeit, Erde der Festigkeit und Luft der Durchsichtigkeit. Also bezeichnet er den Stoff, indem er ihn ein Gemisch von allen dreien nennt, als einen durchsichtigen, nicht nass, aber auch nicht trocken, nicht flüssig, aber auch nicht fest zu nennenden Stoff, der vielmehr gewissermassen dieses Alles sei, also eine trockne Flüssigkeit und flüssige Trockenheit, ein festes Flüssiges und flüssiges Festes, gleichsam feste Luft oder festes Wasser. Auch das ist noch in's Auge zu fassen, dass der Stoff gleichsam ein Band *(δεσμός, compago)* von Allem genannt wird, was nicht einfach und noch einmal dasselbe kann sagen wollen, was er vorher durch σύγκριμα ausgedrückt hat, sondern den Stoff als von aussen, wie durch ein um ihn allseitig herum geschlagenes Band, zusammengehalten, und somit die Sache selbst als ein Bündel dieses Stoffes erscheinend bezeichnet. Kurz es ist ein durchsichtiger compakter (συμπεπηγώς) Stoff gemeint. Es lassen sich in diesem Bilde die eiweiss- oder gallertartigen farblosen Mollusken, die an den norddeutschen Küsten Quallen, sonst wohl — nicht von der Gestalt, sondern von dem brennenden Jucken, welches ihre Berührung auf der Haut hervorbringt — Seenesseln genannt werden, nicht verkennen, und zwar um so weniger, als die Erscheinung der Meerlunge ähnlich genannt wird. Diese Meerlunge, mit welcher die nordische Erscheinung verglichen wird, nämlich ist selbst eine solche Molluske des mittelländischen Meeres, und, wie aus ihrem Namen zu schliessen ist, muss sie wohl einer Lunge ähnlich sehen, folglich eine sich breit hinlegende rundliche Masse bilden, wie diese Quallen, welche auf der Erde liegend nur wie ein kleiner Kuchen von Eiweiss oder Stärkekleister aussehen und auch im Englischen den Namen *sea-lungs* zu führen scheinen. Diese formlosen Thiere, deren Erscheinung allerdings an Alles mehr als an ein Thier erinnert und deren anschauliche Beschreibung allerdings sehr schwer ist, weil sie allerdings nur wie Kuchen geronnenen Wasser's oder wie mit Wasser gefüllte und auf die Erde gelegte Thierblasen aussehen, sind nun schon in der Nordsee, noch weit mehr aber in der Ostsee häufig. So z. B. im Kieler Hafen sind sie in solcher unzählbarer Menge beisammen, dass es mir selbst mehrmals erschienen ist, als sei das ganze Wasser gallertiger Stoff, und dass man bei'm Gehen hart am Strande häufig Mühe hat, seine Füsse so zu setzen, dass man nicht auf ein solches gestrandetes Thier tritt und unfehlbar auf demselben ausgleitet. Wie häufig sie aber auch vielleicht in der ganzen Ostsee sein mögen, so muss doch an der angegebenen Küste Schwedens ihre Menge ganz ausserordentlich sein, weil Tuneld in seiner Geographie öfver Sverige V, 152 es für der Mühe werth hält, ausdrücklich es zu erwähnen, dass diese allenthalben häufigen Thiere in den Scheeren dieser Gegend in grosser Menge sich befinden und auf dem Seewasser schwimmend liegen. Ist das der Fall, so muss in diesen Gegenden ganz entschieden das ganze Meer selbst ein gallertartiges Ansehen haben und bei bewegter See muss es möglich sein, dass die gestrandeten Thiere ganze Strecken der Küste mit ihrem gallertartigen Stoffe bedecken, so dass ein über die Natur der Erscheinung nicht aufgeklärter Mann, namentlich ein Ausländer — und seit wann möchte überhaupt die thierische Natur dieser Schleimkuchen anerkannt sein? — sich über die Sache wie über einen Stoff ausdrückt, der weder Erde noch Meer noch Luft, sondern gewissermassen ein Gemisch von dem Allem sei, worin das Meer schwebend zusammengehalten werde, und dass man in dem von dem Stoffe starren Wasser eben so wenig schiffen als auf dem mit ihm bedeckten Lande gehen könne.

Es wird nun wahrscheinlich Niemand mehr zweifeln wollen, dass die Reise des Pytheas vom Bernsteinlande und insbesondere von Abalus oder Ebeltoft aus über das Kattegat hinweg nach der schwedischen Westküste gegangen ist. Und so darf es denn auch nicht wundern, dass, während Deutschland selbst im Osten dem Plinius noch so wenig genau bekannt ist, dass er die Oder nicht zu kennen scheint, er doch nicht nur die Insel Skandinavien, sondern auch specielle Theile derselben, z. B. das ganz unverkennbare Sevegebirge *(Sevo mons)*, kennt. Es lässt sich denken, dass ein Mann wie Pytheas, als er im Bernsteinlande von der grossen Länge der im Süden ungeahnten cimbrischen Halbinsel, ferner von den Beltinseln und über dieselben hinaus von einem jenseitigen Lande, gleichsam einer neuen Welt, von ganz unglaublicher Ausdehnung gegen Norden hörte, gar nicht davon abzuhalten war, über das Kattegat zu schiffen, um diese neue Welt kennen zu lernen und diese die ganze damalige Geographie umstossende Entdeckung im Süden bekannt

zu machen. Entweder beging er nun die schwedische Westküste
bis in die Spitze des Meerbusens, welcher Schweden von Norwegen scheidet, wo er eben die an Quallen so überaus reichen
Küstenstrecken sah, und schritt dann in den Norden bis an die
Spitze des bothnischen Meerbusens hinauf, wo er sich überzeugen konnte, dass Skandinavien eine Halbinsel sei, und in der
Ferne die Gegenden der ununterbrochenen Nächte und Tage, die
Lappmarken, gezeigt erhielt; rückwärts aber reiste er vermuthlich durch das Land zwischen den grossen Seen Schwedens
hindurch nach dem Kattegat zurück. Oder auch: Er reiste gleich
auf der Hinreise landeinwärts zwischen den Landseen hindurch,
und auf dem Rückwege nach dem genannten Meerbusen, wo er
dann etwa von der Gegend Gothenburgs nach der Nordspitze von
Jütland übersetzte, um von da an die ganze Oceanküste bis
Gades herab zu begehen. Dass er auch Norwegens Westküste
besucht habe, scheint uns nicht annehmbar, denn in diesen Regionen kam es zu sehr darauf an, sich nicht von der übeln
Jahreszeit überraschen zu lassen, und folglich auf die kürzeste
Weise sich in den Süden zurückzuziehen; auch dürfte die allzu
bergige Beschaffenheit Norwegens die Bereisung kaum gestattet
haben. Wenigstens giebt es keine Spuren von seiner Anwesenheit in Norwegen. Allerdings sagt Plinius 4, 16, 30: *Sunt qui
et alias prodant (insulas) Scandiam, Dumnam, Bergos maximamque omnium Nerigon, ex qua in Thulen navigetur*, und muthmasslich ist es Pytheas, von dem die Nachrichten über diese
Gegenden stammen. Aber Nerigon kann nicht Norwegen (Norrige) sein, weil das o dem Worte **Nor** oder **Nord** wesentlich
ist. Nerigon ist vielmehr unverkennbar die schwedische Landschaft **Nerike** (Nerige, d. h. **Niederland**) zwischen den grossen
Seen mit der Hauptstadt Oerebro am Hielmarsee. Wir dürfen
zwischen diesen jetzt durch Kanäle verbundenen Seen wohl
die Strasse eines nordischen Handels-Verkehrs suchen, welche den bothnischen Meerbusen mit dem Kattegat und somit
auch mit dem Bernsteinlande verband und auf welcher daher
auch Pytheas sich den Weg in den Norden zu bahnen einfach
angewiesen war. Auch Bergos möchte ich nicht an den Namen
der norwegischen Stadt Bergen anknüpfen, sondern es lieber in
appellativer Bedeutung **Gebirge, Hochland** nehmen, und, im
Gegensatze zu dem Namen der andern schwedischen Landschaft

Dalarne (d. h. Thäler), Dalekarlien oder auch Nerike selbst, von einem Theile des schwedischen Hoch- oder Oberlandes oder von der norwegischen Seite des Christiania-Meerbusens verstehen. Einen gewissen Anklang an Dumna bietet der Name des Ortes Tanum an der Küste zwischen Gothenburg und Christiania.[9] Und wo liegt nun die Insel Thule oder Thyle selbst? Nothwendig im Kattegat. Denn Schweden ist das einzige Land jenseit der Nordküste Germaniens, von welchem das Alterthum einige Kunde erhalten hat, wie es auch derjenige Theil der skandinavischen Halbinsel ist, dessen Süden so weit gegen die deutsche Nordküste herab reicht, dass er durch Vermittelung der dänischen Inseln mit der Küste des alten Germaniens von Ebeltoft und Aarhuus an bis zur Insel Rügen zu einem Ensemble zusammentritt, von welchem man allemal Kenntniss erhalten musste, sobald man nur mit einem Theile desselben bekannt wurde, und welches auch unleugbar das treue Abbild des mit grossen und kleinen Inseln vollgestopften *sinus Codanus* oberhalb der Elbe liefert. Auch muss Thule eine Lage haben, welche einerseits und zunächst Schweden das Land um Thule zu nennen aufforderte, andererseits aber auch gestattete, südlichere Länder von nicht undeutlich germanischem Charakter in Zusammenhang mit ihr zu bringen, und eine solche Lage hat es nur, wenn wir es in dasjenige Meer hineinsetzen, durch welches die Inselbrücke der dänischen Inseln aus dem Bernsteinlande nach Schweden führt. Ferner wenn zunächst Schweden das Land um Thule und dies zwar so sehr ist, dass es geradezu mit Thule selbst verwechselt worden ist, so werden wir wieder innerhalb des Kattegats für Thule keine bessere Lage finden, als an einer Stelle, von welcher anzunehmen ist, dass Pytheas daselbst seine erste Bekanntschaft mit Schweden machte und das schwedische Territorium zuerst betrat, um das sich um die Insel herum anschliessende unbekannte Land nach dem Namen der Insel zu benennen. Da sich nun die Reise des Pytheas von der Eidermündung nach Ebeltoft verfolgen lässt, so muss das alte Thule auch in demselben Meere, an welchem Ebeltoft liegt, und zwar so viel als möglich diesem diesseitigen Punkte so gegenüber an der schwedischen Küste liegen, dass es als der jenseitige geeignete und vielleicht geradezu regelmässige Zielpunkt für die Ueberschreitung des Kattegats von Ebeltoft aus betrachtet werden kann.

Mit der Verlegung Thule's in's Kattegat stimmt auch Strabo, auf den wir uns wegen seiner richtigen Unterscheidung der Insel selbst von dem Lande um dieselbe verlassen können, vortrefflich überein, wenn er den Pytheas sagen lässt, dass Thule nahe der πεπηγυῖα θάλαττα sei,[10] — eine Angabe, in welcher er durch Plinius unterstützt wird, welcher 4, 16, 30 sagt, das *mare concretum*, welches von Einigen *Cronium* genannt werde, sei von Thule eine Tagefahrt entfernt. Welches Meer mag nun dieses *mare concretum* (πεπηγυῖα θάλαττα) sein? Die allgemeine Meinung ist, der Name bedeute **gefrorenes Meer**, folglich **Eismeer**. Aber man will damit doch wohl nicht an das jetzt diesen Namen führende Meer denken, von dem die Alten ja gar nichts wissen konnten? Dann würde nur noch fehlen, dass man Thule für Spitzbergen erklärte. Selbst also, wenn der Name so aufzufassen wäre, würde bei demselben doch nur an ein verhältnissmässig leicht gefrierendes Meer, also etwa an einen wenig bewegten Meerbusen zu denken sein, wie z. B. der Meerbusen an der Nordseite der Insel Seeland **Isefiord** (Eisbusen) heisst. Ein solches durch gewisse Grenzen genauer beschränktes Meer setzen übrigens nicht nur alle Verhältnisse, sondern auch der Ausdruck bei Strabo und Plinius voraus. Denn wie liesse sich sagen, Thule liege diesem Meere nahe, oder gar, dieses Meer liege eine Tagereise von Thule entfernt, wenn dieses Meer nicht sehr genau begrenzt wäre? Wenn es wirklich mit dem *mare Cronium* einerlei ist, so ist es nach Plinius 4, 13, 27 von dem von den Cimbern Morimarusa genannten Meere durch das Vorgebirge Rubeas getrennt, demnach allerdings wenigstens von einer Seite scharf begrenzt und demnach einer von den Meerbusen, die man in diesen Gegenden annahm. Wir bedenken uns nicht, die Bucht des Kattegats, welche Norwegen von Schweden trennt, für das *mare concretum* (πεπηγυῖα θάλαττα) zu erklären. Es kann nämlich eigentlich Niemandem einfallen, den Namen im Sinne von **gefrorenes Meer** zu nehmen. Denn so gut als Strabo die gefrorene Zone einfach und verständlich κατεψυγμένη ζώνη nennt, warum sollte er nicht auch das **gefrorene Meer** κατεψυγμένη θάλαττα genannt haben? Und was noch mehr sagen will, auch Plinius, dem der Name dieses Meeres doch gewiss griechisch vorlag, hätte sich so leicht durch *mare glaciale* ausdrücken können, wenn er es für ein **Eismeer** gehalten hätte, wogegen er den eben so unbestimmten Ausdruck *concretus*, fast sklavisch übersetzend oder jede nähere Deutung vermeidend, wählt. Das Wort soll gar nicht **gefroren**, sondern **geronnen, dickflüssig, gallertartig verdichtet und starr** bedeuten. Dies sieht man sehr deutlich aus Tacitus Agrikola 10, wo die römische Flotte nach Thyle hin gesegelt sein soll, wo es hiess, dass das Meer *pigrum et grave remigantibus, ne ventis quidem attolli.* Auch Germ. 45 spricht Tacitus von einem andern *mare pigrum ac prope immotum*, und dieses *piger ac prope immotus* ist die erklärende Uebersetzung von πεπηγώς statt des die Sache unbestimmt lassenden *concretum*. Diese beiden geronnenen Meere des Tacitus sind aber gewiss dieselben, welche Plinius 4, 13, 27 unter den Namen Amalchium und Cronium anführt. Denn Amalchium soll bei den Anwohnern so viel als *congelatum* heissen, was ebenfalls nur **geronnen** bedeutet, indem der Name Morimarusa, den es bei den Cimbern (hier wohl die Wenden von Lübeck bis Rügen, denn Morimarusa scheint im Slavischen die angegebene Bedeutung zuzulassen) führen soll, s. v. a. *mortuum* bedeuten soll, was auf dieselbe Vorstellung des wenig bewegten Meeres hinausläuft. Offenbar ist nun nach Plinius das *mare concretum* das Kattegat speciell auf der schwedischen Seite, denn der an die Insel Abalus von der andern Seite herüber angetriebene Bernstein sollte ja nach Pytheas ein *purgamentum* des *mare concretum* (πεπηγ. θαλ.) sein, vermuthlich Produkt des in diesem Meere herrschenden Verdichtungs- und Gerinnungsprocesses. Wir haben es also bei diesem geronnenen Meere mit einer gewissen fabelhaften Vorstellung von einem oder mehreren Theilen des Kattegats zu thun, nach welcher dieselben statt des Wassers eine geronnene (gelieferte) Masse hatten, die dem Rudern widerstünde und sich nicht beschiffen lasse, und es kann wohl keinem Zweifel unterliegen, dass diese Masse nichts Anderes ist als der meerlungenähnliche Stoff, von dem das Meer starrte und strotzte, oder das geronnene (gelieferte) Wasser, durch welches man weder zu Fuss noch zu Schiff hindurchkonnte, und welches hervorbrachte, dass das ganze Meer, so weit man sah, in einem Zustande der Gelieferung zu sein schien, — Gegenden oder Stellen, deren Polybius a. a. O. ebenfalls in unmittelbarem Zusammenhange mit Thule erwähnt. Da nun eben die Ostseite des norwegisch-schwedischen Meerbusens, die Küste von Bohus-Län, diese Kuchen von festem Wasser, die Quallen, in ganz besonderer Menge hat, und wir das geronnene Meer demnach vor Allem hier zu suchen haben, so sieht man, wie unvergleichlich dieses mit der Lage von Thule zusammenpasst, wenn wir Thule zwischen diese Küste und den Sund, also in ein ungefähres Gegenüber von Ebeltoft denken.[11] — Die Berechnung, nach welcher Thule nach Strabo (Not. 10) und Plinius (Not. 4) sechs Tagefahrten weit von Britannien abliegt, wird man ebenfalls in hohem Masse passend finden, man mag sich die Reise dahin denken wie man will. Freilich nicht in nördlicher Richtung, wie Strabo sich die Sache gedeutet hat, sondern in nordöstlicher. Strabo erklärt es selbst, dass Niemand im Norden von Britannien eine Insel Thule gefunden habe, freilich nicht, um sie nun in einer etwas anderen Richtung von Britannien zu suchen, sondern nur um Pytheas der Lüge zu zeihen. Worin das fehlerhafte Verständniss seinen Grund habe, klärt sich durch einen ganz analogen Fall auf. Strabo hat es sich ebenfalls nicht nehmen lassen[12], dass Ierne oder Irland von Britannien aus nördlich liege, obgleich Niemand das berichtet haben kann. Was kann ihn hierzu aber verleitet haben? Er konnte nur gelesen haben, dass Irland nördlicher als Britannien liege, d. h. dass es nicht so weit in den Süden herabreiche als Britannien. Vermuthlich also berichtete auch Pytheas von Thule nur, dass es nördlicher als Britannien liege und sechs Tagefahrten von Britannien hinweg, was Strabo wie bei Irland von der Richtung über Britannien hinaus direkt gegen Norden verstand. Pytheas meinte die Südküste Britanniens und Strabo die Nordküste. Was endlich die Angabe des Strabo (Not. 2) betrifft, dass Pytheas gesagt habe, Thule sei die nördlichste der britannischen Inseln, so könnte daran etwas Wahres sein und Thule dennoch im Kattegat liegen. Es zeigt sich nämlich aus Mela 1, 3, dass man bisweilen den nördlichen Ocean, weil man ihn einmal wesentlich nur in der Nähe Britanniens kannte, den britannischen Ocean genannt hat.[13] Und gerade Pytheas, welcher durch die Entdeckung Jütlands und Skandinaviens zu der Erkenntniss kam, dass der Ocean östlich wirklich mit dem britannisch-germanischen Meere, also der Nordsee, abschneide und weiter östlich oberhalb Germaniens nur Binnenmeer sei, könnte vorzugsweise die

Ausdrücke britannischer Ocean und nördlicher Ocean in gleicher Bedeutung gebraucht haben. Erschien nun Thule in's britannische Meer (noch heutzutage wird das Kattegat als ein Busen der Nordsee, nicht als ein Theil der Ostsee angesehen) verlegt, so musste ein Mann wie Strabo, für welchen der nördliche Ocean von den Rheinmündungen aus östlich bis Asien fortlief, die Insel in demjenigen besondern Theile dieses Oceans suchen, in welchem Britannien lag, und natürlich, dass er sie dann auch zu den britannischen Inseln mitrechnete. Es ist nicht wahrscheinlich, dass Pytheas selbst sich so ausgedrückt habe, theils weil er ja Thule immer noch sechs Tagefahrten von Britannien entfernt sein liess und folglich sie in keine allzunahe Verbindung mit Britannien brachte, theils weil der Ausdruck τὰ περὶ Θούλην, von Schweden gebraucht, ein Zeugniss ist, dass er Thule nicht sowohl als ein Anhängsel zu Britannien als vielmehr als den Anfangspunkt der neuen skandinavischen Welt[14] betrachtet hat.

Nun muss sich aber gewiss Jedem der östliche Vorsprung Jütlands oberhalb des kleinen Beltes vorzugsweise als diejenige Gegend der cimbrischen Halbinsel darstellen, von welcher aus, weil sich hier die jütische Küste der schwedischen so sehr nähert, wie erst wieder eine bedeutende Strecke weiter nördlich, und weil die Ueberfahrt hier in den nahen Nordküsten der dänischen Inseln immer einen gewissen Schutz und Richtpunkte hatte, regelmässig die Ueberfahrt nach Schweden stattfand. Noch im Mittelalter zeigt sich, dass man, um von der norwegischen Südküste nach Schleswig zu fahren, längs der schwedischen Küste herabfuhr und erst an der Nordseite der dänischen Inseln das Kattegat überschritt. Und da wir nun den Pytheas in Ebeltoft finden, so finden wir ihn somit eben nur auf der Strasse, die wir als die allgemein gangbare nach Schweden hinüber anzusehen haben, und werden nicht zu bezweifeln haben, dass er an der schwedischen Seite eben da werde gelandet haben, wo man allgemein zu landen pflegte, d. h. Ebeltoft so viel als möglich gegenüber. Die Gegend, in welcher wir also sein Thule zu suchen haben, ist die Gegend von Halmstad, die nicht nur diesem jütischen Küstenstriche gerade in der nordöstlichen Richtung, die wir brauchen, gegenüber liegt, sondern auch den einzigen natürlichen Hafen in dieser Gegend, einen Meerbusen, hat. Noch heutzutage ist der Hafen von Halmstad für Fahrzeuge von geringem Tiefgange, wie wir sie für das Alterthum vorauszusetzen haben und wie sie die Küstenfahrt des Kattegats erfordert, brauchbar und von ihnen nach Massgabe der Verhältnisse besucht. Es lässt sich sogar annehmen, dass dieser Meerbusen, in welchen der Fluss Laga-Aan mündet, Laga-Aan-Busen genannt worden und der bei Plinius 4, 13, 27 erwähnte *sinus Lagnus conterminus Cimbris* sei, worin ein Zeugniss liegen würde, dass dieser Busen den Alten durch irgend einen Besucher, am einfachsten also durch Pytheas, bekannt geworden wäre. Ja, wir haben uns gemäss unserer schon mehrmals angewandten Vorstellung über die Bedeutung der von Flüssen tief eingeschnittenen Halbinseln für den Völkerverkehr vielleicht Halmstad mehr als jeden andern Punkt dieser Küste als den Ausgangspunkt einer alten Verkehrsstrasse zu denken, welche von der Ostküste Schwedens durch die theils von der Natur, theils von der Kunst in Zusammenhang gebrachten Landseen und die Landschaft Nerike (Nerigos) endlich vom Wetternsee aus, Nissa-Aan entlang, auf Halmstad sich annehmen lässt, um von da aus oberhalb der dänischen Inseln nach Abalus und von hier aus die Belte hindurch nach der Schlei fortzusetzen und sich hier zuletzt dem Nordseehandel anzuschliessen. Stellen wir uns diesen Handel auch nicht allzubedeutend vor, so nährt doch vorzugsweise die Verschiedenheit der Zonen, wie sie hier stattfinden würde, den Austausch von Produkten, und mindestens Metalle und einige nordische Produkte könnte Schweden schon im Alterthume in den Süden ausgeführt haben. Auch zeigt die mit höchst bedeutenden Anstrengungen in neuerer Zeit bewirkte Kanalisirung dieser Seen, und dass Gothenburg am Ausgange dieser Wasserstrasse in's Kattegat sich in kurzer Zeit zu einer höchst bedeutenden Handelsstadt erhoben hat, welche Wichtigkeit dieser das Kattegat mit dem bothnischen Meerbusen verbindenden Wasserstrasse beigelegt worden ist. Ehe Gothenburg den Vorzug des Trollhätta-Kanals genoss, und noch mehr im Alterthume, wo der Verkehr sich noch nicht oben durch das Skager Rack, sondern auf die Schlei und Eider-zu, und nachweislich unter Anlehnen an die Westküste Schwedens und die Nordküsten der dänischen Inseln bewegte, möchte Halmstad in der Lage gewesen sein, in welche Gothenburg eingetreten ist. Dies also angenommen, so war Pytheas auch hierdurch auf Halmstad angewiesen, um auf dem durch den Handel gebahnten Wege durch Nerike (Oerebro), als den einzigen Pass zwischen den grossen eine Menge von wirklichen und Scheininseln bildenden Seen, in den höhern Norden zu gehen.

Demgemäss müsste die Insel Thule oder Thyle in der Gegend von Halmstad liegen. Und wirklich, der Halmstäder Meerbusen ist an seinen beiden Spitzen je mit einer kleinen Insel besetzt, von welchen die an der Südspitze ohne Trinkwasser, folglich unbewohnt ist und Vaderö heisst, die an der Nordspitze, also an der Seite von Halmstad selbst, liegende Trinkwasser hat, heutzutage demnach ein Freigut oder Rittergut (Säteri) trägt, Tylö oder, da das Zeichen y im Schwedischen wie im Griechischen das ü vertritt, Tülö.

Vor Allem hätten wir also wenigstens den Namen des alten Thyle oder Thule in durchaus unabstreitbarer Einerleiheit an eine wirkliche Insel angeknüpft. Die Uebereinstimmung des altklassischen und schwedischen Namens ist aber noch grösser, als es auf den ersten Blick scheint. Denn die Endung ö ist nur das skandinavische Wort Insel selbst, und der ganze Name ist demnach Tyl-Insel zu denken, was ganz das altklassische Θύλη νῆσος, Thyle insula ist. Schon diese gänzliche Uebereinstimmung des Namens an sich ist etwas werth, denn sollte das alte Thyle auch nicht gerade diese kleine Insel vor Halmstad sein, so bliebe, weil der Name auf altskandinavischen Grund und Boden nachgewiesen wäre, doch das feststehen, dass Thyle wenigstens im Bereiche des dem Alterthume bekannt gewordenen Skandinaviens (d. i. Schonens und Gothlands) und nicht auf fremdem Sprachgebiet gesucht werden müsse, und als das Land um Thule würde nach wie vor Skandinavien anzusehen sein, welches immer auch dann gemeint wäre, wo in Folge der Verwechselung von Thule und Land um Thule von der Insel als von einem grossen, weit in den Norden hinaufreichenden, Lande gesprochen wird. Die appellative Bedeutung des Namens Tyl habe ich aus den mir zu Gebote stehenden Hülfsmitteln nicht ermitteln können. Der Ausdruck scheint dem heutigen Schwedisch-Dänischen gar nicht mehr anzugehören, er müsste denn in der Vulgärsprache noch vorkommen. Wir dürfen dies als eine Bürgschaft nehmen, dass der Name nicht erst modern ist, sondern der alten Gothensprache angehört hat. Nur in der über das Vulgär nicht hinausgegangenen Sprache der Nordfriesen finde ich das Wort Tuul, welches den sogenannten Seetorf, ein fossiles Holz, welches zur Ebbezeit unter dem Meeresboden ausgegraben wird, bezeichnet. Sollte dieser Name, welcher zu der Nebenform Thule Veranlassung gegeben haben könnte, identisch mit Tyl sein, so würde Tylö s. v. a. Seetorf-Insel heissen, was für eine Insel von moorichter Unterlage ein passender Name sein würde.

Freilich scheint dieser kleine Werder dem berühmten Namen Thule gegenüber beinahe ein *ridiculus mus* zu sein. Aber es ist nirgends, wo nicht Thule mit dem Lande um Thule verwechselt ist, die geringste Veranlassung gegeben, uns Thule als eine grosse Insel zu denken. Im Gegentheil, wenn Pytheas nach Strabo 1, 62 Cas. sich veranlasst fand, einen gewissen Längenkreis (Breitengrad) der Erde durch die Insel zu bestimmen, wurde sie für eine solche Bestimmung um so tauglicher, ein je kleinerer Punkt sie war, weil die Bestimmung um so genauer war. Liegt sie doch sonst ganz so, wie andere kleine Inseln des Alterthums, z. B. die Griechenstadt bei Emporiä, die kleine Insel bei Tortosa, Malta, Gades, Tyrus und Basilia, dass Fremde nach ihr ihren ersten Anlauf nehmen und sich auf ihr zunächst sicherer niederlassen konnten, als auf dem Festlande selbst. Auch weiss man nicht, ob sie nicht im Alterthume grösser gewesen ist. Und wenn sie das nicht gewesen wäre, so könnte sie, wie sie noch jetzt einen Richtpunkt für die Kattegatschifffahrt abgiebt, auch im Alterthume der Punkt gewesen sein, nach dem sich das Anlaufen an der dortigen Küste bestimmt hätte. Noch für jetzt wird der Meeresarm, der sie von der Küste trennt (z. B. von Löwenörn, Anweisung für Seefahrer im Kattegat S. 14—16), Fahrzeugen von 4—6 Fuss Tiefgang als ein einstweiliger Zufluchtsort und Ankerplatz empfohlen; könnte sie nicht im Alterthume eine Schifferniederlassung gewesen sein? Sonst kann noch bemerkt werden, dass, indem der Ausdruck Oe in geographischen Namen häufiger auch von Plätzen vorkommt, die nicht vollständig, sondern nur zum Theil von Wasser umflossen sind, der Name Tylö in Schweden noch einige Mal in geographischen Namen vorkommt und dass es beinahe scheint, als ob vor Zeiten ein etwas grösserer Distrikt, etwa eine Scheininsel zwischen den grossen Seen nordöstlich von der halländischen Küste, vielleicht also der ganze Distrikt von Halmstad aufwärts nach der Landschaft Nerike hin, oder gar der wesentliche Theil des alten Gothenlandes, den Namen Tylö geführt hätte. Denn in Tuneld's und Silverstolpe's Geographien wird ein grosser Wald (Skogn) unter dem Namen Tylö-Skogn, theilweise zu Ostgothland, theilweise zu Nerike gehörig, also unter Verhältnissen angeführt, wo, wenn dort, wie es nöthig erscheint, eine diesem Walde entsprechende Landschaft Tylö hiess, die Worte des Plinius: *Nerigon ex qua navigatur in Thulen,* ganz merkwürdig passen würden. Wie es mit diesem Namen, über welchen Genaueres anzugeben mir die Mittel fehlen, auch aussehen mag, immer bleibt er an der Strasse, auf die wir den Pytheas bei seiner Reise in den Norden verwiesen denken müssen.

Anmerkungen.

[1] Thyle schreiben Tacitus, Marcianus Capell., Isidor. Geogr. Ravenn., Jornandes, vielleicht auch Solinus. Allerdings begreift es sich nicht gut, wie gerade Lateiner ein fremdes u in y hätten verwandeln sollen. Leichter konnten Griechen ein fremdes ū in ου verwandeln, so dass vielleicht die Aussprache Thyle die eigentlich originale ist.

[2] Ὁ μὲν οὖν Μασσαλιώτης Πυθέας τα περὶ Θούλην τὴν βορειοτάτην τῶν Βρετανικῶν ὕστατα λέγει, παρ' οἷς ὁ αὐτός ἐστι τῷ ἀρκτικῷ ὁ θερινὸς κύκλος· παρὰ δὲ τῶν ἄλλων οὐδὲν ἱστορῶν, οὐδ' ὅτι Θούλη νῆσός ἐστί τις, οὔτ' εἰ τὰ μέχρι δεῦρο οἰκήσιμά ἐστιν, ὅπου ὁ θερινὸς τροπικὸς ἀρκτικὸς γίνεται. Νομίζω δὲ πολὺ εἶναι νοτιώτερον τοῦτο τὸ τῆς οἰκουμένης πέρας τὸ προσάρκτιον. οἱ γὰρ νῦν ἱστοροῦντες περαιτέρω τῆς Ἰέρνης οὐδὲν ἔχουσι λέγειν, ἢ πρὸς ἄρκτον πρόκειται τῆς Βρετανικῆς πλησίον, ἀγρίων ἀνθρώπων κακῶς οἰκούντων διὰ ψύχος. ὥστ' ἐνταῦθα νομίζω τὸ πέρας εἶναι θετέον.

[3] Cleomedes κυκλ. θεωρ. 1, 47 Bak. Περὶ δὲ τὴν Θούλην καλουμένην νῆσον, ἐν ᾗ γεγονέναι φασὶ Πυθέαν τὸν Μασσαλιώτην φιλόσοφον, ὅλον τὸν θερινὸν ὑπὲρ γῆς εἶναι λόγος, αὐτὸν καὶ ἀρκτικὸν γινόμενον.

[4] Plin. 2, 75, 77: *In Italia quindecim (horarum est longissimus dies), in Britannia XVII, ubi aestate lucidae noctes haud dubie repromittunt id quod cogit ratio credi; solstitii diebus accedente sole propius verticem mundi, angusto lucis ambitu, subiecta terrae continuos dies habere senis mensibus, noctesque e diverso ad brumam remoto. Quod fieri in insula Thule Pytheas Massiliensis scripsit, sex dierum navigatione in septentrionem a Britannia distante.*

5 Marcian. Cap. 6, 194 Hug. Grot.: *Solstitiali vero tempore coeli verticem sol invectus subiectas laevorsum terras perpetui diei continuatione collustrat; itemque brumali descensu semiannuam facit horrere noctem; quod in insula Thyle compertum Pytheas Massiliensis asseruit.*

6 Gem. Rhod. elem. astron. 5: τοῖς δ' ἔτι βορειοτέροις οἰκοῦσι τῆς προποντίδος μεγίστη ἡμέρα γίνεται ὡρῶν ἰσημερινῶν ις' καὶ ἔτι τοῖς βορειοτέροις ιζ' καὶ ιη' ὡρῶν μεγίστη ἡμέρα γίνεται. Ἐπὶ δὲ τούτους πρὸς τόπους δοκεῖ καὶ Πυθέας ὁ Μασσαλιώτης παρεῖναι. Φησὶ γοῦν ἐν τοῖς περὶ τοῦ ὠκεανοῦ πεπραγματευομένοις αὐτῷ, ὅτι ἐδείκνυον ἡμῖν οἱ βάρβαροι, ὅπου ὁ ἥλιος κοιμᾶται. Συνέβαινε γὰρ περὶ τούτους τοὺς τόπους τὴν μὲν νύκτα παντελῶς μικρὰν γενέσθαι, ὡρῶν οἷς μὲν β', οἷς δὲ γ', ὥστε μετὰ τὴν δύσιν, μικροῦ διαλλείματος γενομένου, ἐπανατέλλειν εὐθέως τὸν ἥλιον.

7 Cosm. Indopl. 2 (ed. Montfauc. 2, 149): Πυθέας (δὲ) ὁ Μασσαλιώτης ἐν τοῖς περὶ τοῦ ὠκεανοῦ οὕτως φησίν· ὡς ὅτι παραγενομένῳ αὐτῷ ἐν τοῖς βορειοτάτοις τόποις ἐδείκνυον οἱ αὐτόθι βάρβαροι τὴν ἡλίου κοίτην, ὡς ἐκεῖ τῶν νυκτῶν ἀεὶ γιγνομένων παρ' αὐτοῖς.

8 Strab. 4, 201 Cas.: Εἰσὶ δὲ καὶ ἄλλαι περὶ τὴν Βρετανικὴν νῆσοι μικραί· μεγάλη δ' ἡ Ἱέρνη πρὸς ἄρκτον αὐτῇ παραβεβλημένη..... Περὶ δὲ τῆς Θούλης ἔτι μᾶλλον ἀσαφὴς ἡ ἱστορία, διὰ τὸν ἐκτοπισμόν. ταύτην γὰρ τῶν ὀνομαζομένων ἀρκτικοτάτην τιθέασιν. Ἃ δ' εἴρηκε Πυθέας περὶ ταύτης καὶ τῶν ἄλλων ταύτῃ τόπων, ὅτι μὲν πέπλασται, φανερὸν ἐκ τῶν γνωριζομένων χωρίων· κατέψευσται γὰρ αὐτῶν τὰ πλεῖστα, ὥσπερ καὶ πρότερον εἴρηται· ὥστε δῆλός ἐστιν ἐψευσμένος μᾶλλον περὶ τῶν ἐκτετοπισμένων. Πρὸς μέντοι τὰ οὐράνια καὶ τὴν μαθηματικὴν θεωρίαν ἱκανῶς δόξειε κεχρῆσθαι τοῖς πράγμασι. τοῖς τῇ κατεψυγμένῃ ζώνῃ πλησιάζουσι τὸ τῶν καρπῶν εἶναι τῶν ἡμέρων καὶ ζώων τῶν μὲν ἀφορίαν παντελῆ, τῶν δὲ σπάνιν· κέγχρῳ δὲ καὶ ἄλλοις λαχάνοις καὶ καρποῖς καὶ ῥίζαις τρέφεσθαι· παρ' οἷς δὲ σῖτος καὶ μέλι γίγνεται, καὶ τὸ πόμα ἐντεῦθεν ἔχειν· τὸν δὲ σῖτον, ἐπειδὴ τοὺς ἡλίους οὐκ ἔχουσι καθαρούς, ἐν οἴκοις μεγάλοις κόπτουσι, συγκομισθέντων δεῦρο τῶν σταχύων· αἱ γὰρ ἅλω ἄχρηστοι γίνονται διὰ τὸ ἀνήλιον καὶ τοὺς ὄμβρους.

9 Ueber Dumna wage ich gar nichts zu vermuthen. Bei der grossen Unkunde des Nordens könnte es mit skandinavischen Gegenden zusammengestellt sein, während es vielleicht in die britannische Gruppe gehörte, eben weil man Britannien bisweilen für Alles, was oberhalb der Nordküste des Continents läge, hielt und folglich, was sich dort fand, mit einander zusammenwarf, wie unten noch zu sagen ist. In solchem nahen Zusammenhange mit Britannien erscheint Thyle (wo Norwegen um die Einfahrt in's Kattegat gemeint sein muss) bei Tacitus Agric. 10, bei Plinius 37, 2, 11, wo Sotakus Britannien mit dem Berhsteinlande vermengt, endlich auch bei Mela, der jedoch von Britannien deutlich über den Fuss der cimbrischen Halbinsel hinweg nach Thule gelangt. Denn bei denjenigen Gegenden, die er an die von den Teutonen bewohnte Insel Codanonia anknüpft und von denen er sagt: *Quae Sarmatis adversa sunt, ob alternos accessus recessusque pelagi, et quod spatia, quis distant, modo operiuntur undis, modo nuda*

sunt, alias insulae videntur, alias una et continens terra, muss an die dithmarsisch-friesischen Inseln gedacht werden, weil Ebbe und Fluth, welche die Watten bald blosslegen, bald mit Wasser überströmen, nun einmal im Kattegat nicht stattfindet, und bei den Sarmaten, denen diese Inseln gegenüberliegen sollen, muss, es mag mit dem Worte Sarmatis eine Bewandtniss haben, welche es will, an dieselbe Küste gedacht werden, welcher auch Basilia „gegenüber" liegt. Die (Möven-)Eier, von welchen und (Sand-?) Hafer (κέγχρος?) die hier lebenden Oeonen leben sollen, werden an diesen Küsten noch jetzt mit Eifer aufgesucht, auch Kibitzeier als Leckerbissen gegessen; bei den Hippopoden wird man unwillkührlich an die Holzschuhe tragenden Jüten erinnert, und diese, sowie die langohrigen Panoten, zu welchen man kommt, noch ehe man nach Thule (oder nach Plinius 4, 13, 27 zu den Ingävonen und dem *mons Sevo*) gelangt, erscheinen als so wilde Halbmenschen, wie ein von dem arabischen Schriftsteller el-Kaswini (Kosmographie, herausgeg. v. Wüstenfeld II. S. 404) angeführter Schriftsteller el-Tortosi (der Tortosaner, Tartessier) die Einwohner von Schleswig darstellt, die im Allgemeinen schlecht und meist von Fischen leben, die ihnen lästig werdenden Kinder einfach in's Meer werfen, deren Frauen sich ihrerseits nach Belieben von ihnen scheiden, und deren Gesang noch wilder als Hundegebell klingen soll.

10 Ἑξῆς δὲ τὸ πλάτος τῆς οἰκουμένης ἀφορίζων (Eratosthenes) φησίν, ἀπὸ μὲν Μερόης ἐπὶ τοῦ δι' αὐτῆς μεσημβρινοῦ μέχρι Ἀλεξανδρείας εἶναι μυρίους· ἔνθεν δὲ εἰς τὸν Ἑλλήσποντον περὶ ὀκτακισχιλίους ἕκατον σταδίους. εἶτ' εἰς Βορυσθένη πεντακισχιλίους· εἶτ' ἐπὶ τὸν κύκλον τὸν διὰ Θούλης (ἥν φησι Πυθέας ἀπὸ μὲν τῆς Βρεττανικῆς ἓξ ἡμερῶν πλοῦν ἀπέχειν πρὸς ἄρκτον, ἐγγὺς δ' εἶναι τῆς πεπηγυίας θαλάττης) ἄλλους μὲν μυρίους χιλίους πεντακοσίους. ἐὰν οὖν ἔτι προσθῶμεν ὑπὲρ τὴν Μερόην ἄλλους τρισχιλίους τετρακοσίους, ἵνα καὶ τὴν τῶν Αἰγυπτίων νῆσον ἔχωμεν καὶ τὴν κινναμωμοφόρον καὶ τὴν Ταπροβάνην, ἔσεσθαι σταδίους τρισμυρίους ὀκτακισχιλίους.

11 Auch die von Strabo (s. Not. 10) angegebenen Pytheas'schen Längenkreise, wenn man sie unter einander vergleicht, ergeben für Thule eine geographische Breite, welche zwischen den Sund und Christiania, höchstens Drontheim zu fallen scheint, und sicherlich keinen ausserordentlich hohen Norden.

12 s. Not. 8.

13 *Europa terminos habet ab oriente Tanaim et Maeotida et Pontum, ... a septentrione Britannicum Oceanum.* Es ist hierzu zu bemerken, dass Mela 3, 3 auch das Festland nur bis hierher kennt: *Amnium in Oceanum exeuntium Amisius, Visurgis et Albis clarissimi*.

14 cf. Plin. 4, 13, 27: *.... clarissima (insula) Scandinavia est incompertae magnitudinis, portionem tantum eius (sinus), quod sit notum, Hillevionum gente D incolente pagis, quae alterum orbem terrarum eam appellat.*

www.ingramcontent.com/pod-product-compliance
Lightning Source LLC
Chambersburg PA
CBHW020420230426
43663CB00007BA/1243